Montréal en personnes

LANCTÔT ÉDITEUR
4703, rue Saint-Denis
Montréal, Québec H2J 2L5
Téléphone : 514 680-8905
Télécopieur : 514 680-8906
Site Internet : www.lanctot-editeur.com

Maquette de la couverture et mise en pages :
Jimmy Gagné et Roxane Vaillant
Illustrations : Germaine Courteville
Révision : Geneviève Mativat
Correction : Roger Magini
Distribution : Prologue
1650, boul. Lionel-Bertrand
Boisbriand, Québec J7H 1N7
Téléphone : 450 434-0306 / 1 800 363-3864
Télécopieur : 450 434-2627 / 1 800 361-8088
Distribution en Europe : Librairie du Québec
30, rue Gay-Lussac
75005 Paris, France
Télécopieur : 01 43 54 39 15
Adresse électronique : liquebec@noos.fr

Lanctôt éditeur bénéficie du soutien financier
de la SODEC, du Programme de crédits d'impôt
du gouvernement du Québec
et est inscrit au Programme de subvention globale
du Conseil des Arts du Canada.
Nous reconnaissons l'aide financière du
gouvernement du Canada par l'entremise
du Programme d'aide au développement
de l'industrie de l'édition (PADIÉ)
pour nos activités d'édition.

ISBN 10 : 2-89485-377-7

ISBN 13 : 978-2-89485-377-1

Montréal en personnes

Édouard BENIAK

Poésie et prose illustrées

LANCTÔT
ÉDITEUR

À tous ceux et celles qui aiment Montréal

REMERCIEMENTS

Les illustrations qui ornent cet ouvrage, aux mots ajoutent les images. Elles sont signées Germaine Courteville. Je désire profiter de l'occasion qui m'est donnée pour témoigner à cette artiste toute ma reconnaissance filiale. Que ce livre soit sa galerie.

Je tiens également à exprimer ici mes remerciements à ceux et celles qui ont eu la gentillesse d'être mes lecteurs et lectrices avant l'heure. J'espère seulement ne pas les avoir trop ennuyés avec mes confidences de Montréalais. Si le livre que vous tenez entre les mains est digne d'avoir été publié, c'est que leurs judicieuses remarques, corrections et autres suggestions y ont été pour quelque chose. Pour les lacunes qui subsistent, je ne peux m'en prendre qu'à moi-même.

NOTE DE L'AUTEUR

Dans *Ma muse à moi, Montréal*, j'ai célébré le bonheur de mes retrouvailles avec ma ville natale après un long exil de près d'un quart de siècle à Toronto.

Puis, dans *Montréal, de rues en quartiers*, j'ai redécouvert ma ville natale à travers les chemins et les voisinages où nostalgie, curiosité et fantaisie m'ont entraîné.

Enfin, dans ce portrait de Montréal à visage humain, personnages d'hier et d'aujourd'hui, étrangers de passage et êtres chers disparus se succèdent et s'entremêlent au rythme des saisons et à l'évocation d'ambiances émouvantes.

Faites ou refaites connaissance avec les personnes qui ont fait et font encore de Montréal la ville qu'elle est et que nous aimons.

É. B.

PERSONNAGES D'HIER ET D'AUJOURD'HUI

I

On rêve dans Paris de bâtir une ville,
Héroïque, là-bas, dans le Nouveau Monde ;
Des chrétiens ont choisi le lieu de son berceau,
Dans le grand Canada, sur la rive d'une île.
— Albert Ferland, « Les fondateurs de Ville-Marie »,
Montréal, ma ville natale. De Ville-Marie à nos jours,
1946

LE PÈRE SPIRITUEL DE MONTRÉAL

Monsieur Jérôme Le Royer de la Dauversière,
Pieux dignitaire de La Flèche, sa cité chérie,
Se recueillait en l'église quand dans sa prière
Mission lui fut confiée de fonder Ville-Marie.

À Notre-Dame de Paris une voix intérieure
Lui confirma l'appel reçu du haut des cieux,
Et se soumettant aux volontés du Seigneur,
Il se mit à la recherche de volontaires preux.

Par la Providence envoyé, homme de valeur,
M. Paul de Chomedey, sieur de Maisonneuve,
Fut désigné pour aller bâtir la ville neuve.

L'histoire n'a retenu que le nom dudit sieur,
Reléguant dans l'ombre celui du visionnaire
Sans qui Montréal n'eût jamais vu la lumière.

≈

Jérôme Le Royer est venu à ma rencontre dans le Vieux-Montréal. En visitant la chapelle Notre-Dame-de-Bon-Secours à l'été 2003, j'étais tombé sur la revue religieuse *Jésus Marie et Notre Temps*, dont le numéro de juillet 2002, consacré aux «fabuleuses origines de Montréal», m'avait ouvert les yeux sur la fondation de notre ville, et en particulier sur le rôle capital d'instigateur qu'y avait joué le sieur de la Dauversière, personnage resté dans l'ombre de Maisonneuve et de Jeanne Mance pour n'avoir jamais foulé le sol de la Nouvelle-France. C'est ce même numéro de *Jésus Marie et Notre Temps* qui m'a servi de source d'information pour le texte ci-dessous, et de source d'inspiration pour le poème ci-dessus. Je ne suis pas le premier à qui les circonstances particulières entourant la naissance de Montréal aient inspiré des vers. Je n'ai découvert ceux d'Albert Ferland qu'après avoir composé les miens, alors que je cherchais une épigraphe à mettre en tête de ce chapitre.

Il serait exagéré de prétendre que le sieur de la Dauversière, Jérôme Le Royer, est un personnage complètement oublié de notre histoire. Après tout, n'y a-t-il pas un magnifique jardin public dans le Vieux-Montréal, face à l'hôtel de ville, qui le rappelle à notre souvenir ? C'est vrai, mais il convient d'ajouter que ladite place de la Dauversière ne date que de 1997. Mon propos ici est donc de réhabiliter en quelque sorte la mémoire de celui que l'on a appelé le «père spirituel de Montréal» et qui demeure un personnage non pas inconnu, mais méconnu, de notre passé. Ce faisant, ce sont les origines de Montréal que l'on (re)découvrira.

JÉRÔME LE ROYER, SIEUR DE LA DAUVERSIÈRE

Né le 18 mars 1597 à La Flèche en France (dans le département actuel de la Sarthe), il fait ses études classiques au collège Henri IV (1608-1617). En 1619, à la mort de son père, il lui succède comme percepteur. En 1621, il épouse Jeanne de Baugé, dont il aura cinq enfants. Il meurt dans sa ville natale le 6 novembre 1659 après avoir assisté au départ des sœurs Hospitalières de Saint-Joseph (congrégation fondée par lui) pour Ville-Marie, dont il demeure le père spirituel à défaut d'en être le fondateur réel, lui qui n'est jamais venu en Nouvelle-France.

L'inspiration divine

Jérôme Le Royer n'en est pas à sa première révélation divine lorsqu'il reçoit, dans un moment de recueillement, un appel de Dieu lui demandant de fonder une colonie missionnaire sur l'île de Montréal. Nous sommes en l'an 1634. Il avait auparavant fondé, sur « ordre divin », une congrégation de filles hospitalières dans sa ville natale de La Flèche. Faisant part de ce nouvel appel du ciel à ses directeurs spirituels, ceux-ci tentent en vain de le dissuader, lui dont le premier devoir est de veiller au bien-être de sa femme et de ses enfants. Un bon père de famille aurait renoncé à ce projet ambitieux. Fut-il mauvais père de famille pour autant ? Pas qu'on le sache, puisqu'il trouva le moyen d'organiser les préparatifs de la mission tout en renonçant – avec une pointe de regret sans doute – à se rendre sur place afin de veiller lui-même à la fondation de la mission évangélisatrice. On dit de lui qu'il est mort d'épuisement et de surmenage (et ruiné par-dessus le marché !) après s'être consacré corps et âme au projet de Ville-Marie. Aurait-il pu se vouer avec tant d'ardeur à la réalisation de son rêve s'il n'avait pas eu à ses côtés une femme au soutien indéfectible, à qui il dut confier bien souvent la charge de leurs enfants ? Il est permis d'en douter.

Les préparatifs

La mission est de taille et, malgré son origine divine, nécessite ressources financières, matérielles et humaines. Où les trouver ? Jérôme Le Royer monte à Paris pour faire la promotion de son projet auprès de personnes riches et influentes dans la capitale et à la cour du roi. Avec d'autres, dont l'abbé Jean-Jacques Olier, il fonde la Société de Notre-Dame de Montréal pour recevoir les sommes versées. Qui dit mission évangélisatrice sur l'île de Montréal, dit d'abord acquisition desdites terres. La Société se porte acquéreuse de l'île de Montréal grâce à l'entremise des Jésuites. Reste à réunir les ressources humaines et matérielles, et à affréter une flotte qui partira du port de La Rochelle. Une quarantaine de colons de métiers variés sont recrutés. On leur fait signer des contrats de plusieurs années, en espérant qu'ils resteront à Ville-Marie et qu'ils feront souche une fois leurs obligations contractuelles expirées.

Un chef d'expédition

Il ne manque plus qu'une chose, un homme de confiance pour commander l'audacieuse expédition. Six années ont passé depuis la formulation du dessein divin, six années au cours desquelles Jérôme Le Royer n'a pas ménagé ses efforts pour mener à bien les préparatifs. Nous sommes donc en 1640. Une connaissance de Jérôme Le Royer, le père Charles Lalemant, lui présente un gentilhomme champenois du nom de Paul de Chomedey de Maisonneuve. Jérôme Le Royer est immédiatement emballé par ce jeune officier pieux, instruit et célibataire de famille noble. Sans hésiter, il le nomme gouverneur de l'île de Montréal. Alors que les derniers préparatifs vont bon train dans le port de La Rochelle, Jérôme Le Royer y fait une autre rencontre providentielle, celle de mademoiselle Jeanne Mance qui, à l'instar du sieur de la Dauversière, a reçu un appel du Très-Haut l'exhortant à fonder un hôpital en Nouvelle-France.

C'est la rencontre de deux destins. Impressionné par la jeune infirmière, Jérôme Le Royer en fait l'administratrice des affaires intérieures de la colonie.

L'arrivée à Québec

La flotte composée de trois bateaux ne se rend pas comme prévu jusqu'à l'île de Montréal à l'été 1641. C'est que le troisième navire, avec Paul de Chomedey à son bord, parti après les deux premiers, n'accoste à Québec qu'en novembre, au début de la saison froide. Les expéditionnaires se voient donc contraints de passer l'hiver à Québec. Ils ont tôt fait de se rendre compte que leur projet de mission évangélisatrice est mal accueilli par le gouverneur de Québec, qui le qualifie de « folle entreprise » ! Pourquoi fonder une nouvelle colonie sur l'île de Montréal quand celle même de Québec (fondée en 1608) nécessite des renforts ? Rien ne sert de disperser ainsi ses efforts. Le gouverneur de Québec s'évertuera à dissuader Maisonneuve de poursuivre la mission que lui a confiée Jérôme Le Royer, lui proposant en échange de mener à bien son projet sur l'île d'Orléans. C'était peine perdue car rien ne pouvait détourner Maisonneuve et Jeanne Mance du projet missionnaire de Ville-Marie. Des êtres moins convaincus du bien-fondé de leur mission auraient plié devant les arguments du gouverneur de Québec. Jérôme Le Royer ne s'était pas trompé en choisissant ses deux personnes de confiance, monsieur de Maisonneuve et mademoiselle Mance.

La fondation de Ville-Marie

Maisonneuve, Jeanne Mance et la quarantaine de colons débarquent sur l'île de Montréal au printemps suivant, le 17 mai 1642 très exactement, un samedi, le jour de la Vierge Marie. (Quel heureux concours de circonstances!) On ne perd pas de temps car il faut s'installer. Une petite bourgade prend forme: deux maisons communautaires, une infirmerie et quelques maisonnettes seront construites la première année. On entreprend des travaux agricoles qui donneront déjà une première récolte. Mais tout n'est pas idyllique au début de la colonie. L'œuvre évangélisatrice a du mal à démarrer en raison de l'hostilité des Iroquois, redoutables ennemis des Hurons. Convaincus des bonnes intentions des Européens, ces derniers sont disposés à suivre les préceptes de l'Évangile, mais pour cela il leur faudrait venir à Montréal, en plein territoire Iroquois. Visiblement, les colons ne sont pas en nombre suffisant pour les protéger contre leurs farouches adversaires. Les Hurons ne viennent donc pas s'installer à Ville-Marie. L'œuvre évangélisatrice est contrecarrée.

La période 1643-1653

Commence une décennie qu'on ne peut qualifier autrement que de «survie». Ville-Marie est transformée en village fortifié devant les attaques répétées des Iroquois. Le moral des colons est au plus bas: à quoi bon rester dans de telles conditions? Plusieurs songent à rentrer en France. De toute évidence, pour être viable, la jeune colonie a besoin de renforts. (Cela n'est pas sans rappeler les propos tenus par le gouverneur de Québec à l'arrivée des expéditionnaires de Ville-Marie!) La colonie trouvera son sauveur en la personne de Jeanne Mance, qui proposera à Maisonneuve de se prévaloir d'une bonne partie des fonds destinés à l'hôpital pour le recrutement de nouveaux colons. Fort de ce levier financier, Maisonneuve part en France en 1651 et revient, deux ans plus tard, avec une centaine d'hommes. Après avoir conjugué leurs efforts pour fonder Ville-Marie, Maisonneuve et Jeanne Mance les ont unis de nouveau pour la sauver!

La fin d'une époque

Jérôme Le Royer meurt le 6 novembre 1659, entraînant la dissolution de la Société de Notre-Dame de Montréal, dont les nombreuses dettes sont épongées par les Sulpiciens à qui l'on a fait don de l'île de Montréal. Et en 1665, le gouverneur Maisonneuve est rappelé en France (Jeanne Mance, elle, restera sur place), mettant un terme à la période de fondation de Ville-Marie. Laissons à l'équipe de rédaction de *Jésus Marie et Notre Temps* (n° de juillet 2002, p. 7) le soin de porter un jugement sur les deux premières décennies de Ville-Marie:

> Quel bilan faire de la première vingtaine? Il est mitigé. D'une part, l'objectif premier de la fondation de Ville-Marie, soit la réunion en un seul peuple des Amérindiens de toutes les tribus et des Français qui auraient vécu l'Évangile dans l'esprit de la primitive Église, n'a pas été réalisé tel que le souhaitaient les fondateurs: les Hurons, bien que convertis en grand nombre, ont été décimés; les Iroquois, eux, n'ont pas rallié les rangs. Par ailleurs, l'objectif a été atteint en ce que Ville-Marie est née et a survécu et ce, jusqu'à aujourd'hui!

Saviez-vous que la béatification de Jérôme Le Royer, tout comme celle de Jeanne Mance, est à l'étude à Rome? Acte de l'autorité pontificale, la béatification est la mise au rang des bienheureux. À ne pas confondre avec la canonisation, qui est la mise au nombre des saints. L'obtention d'un miracle par l'intercession du défunt ou de la défunte est nécessaire à la béatification. En attendant une intervention miraculeuse du sieur de la Dauversière ou de mademoiselle Mance, les Montréalais et les Montréalaises peuvent se réjouir de savoir que, grâce à la vie chrétienne exemplaire qu'elle a menée, Marguerite Bourgeoys, première éducatrice des enfants de Ville-Marie, a été canonisée par le pape Jean-Paul II en 1982. Tout cela ne fait que confirmer le souffle spirituel qui animait ceux et celles qui ont conçu et fondé Montréal, y compris Paul de Chomedey, qui fit vœu de chasteté perpétuelle et mit sa vie au service de Dieu.

Telles furent les origines de notre ville.

II

Ah! comme la neige a neigé!
Ma vitre est un jardin de givre.
Ah! comme la neige a neigé!
Qu'est-ce que le spasme de vivre
À la douleur que j'ai, que j'ai!
— Émile Nelligan, « Soir d'hiver »,
Émile Nelligan et son œuvre, 1903

CONSOLATION À NELLIGAN

Toi qui, à ta fenêtre givrée,
Vois la neige sur la ville tomber,
Regarde comme elle métamorphose
Les choses en blanche apothéose.

Fasse le ciel que les mots délivrent
De la douleur cruelle de vivre…

Au temps jadis de ta jeunesse,
De pleurs, d'ennui et de tristesse,
Dans l'encre des poètes maudits
Tu trempas ta mélancolie.

Fasse le ciel que les mots délivrent
De la douleur cruelle de vivre…

Baudelaire, Verlaine et puis Rimbaud,
Comme eux tu souffris tous les maux
Pour accorder une voix, une harpe
À ton spleen porté en écharpe.

Fasse le ciel que les mots délivrent
De la douleur cruelle de vivre…

Console ta peine mon pauvre Émile
Car la neige qui tombe si subtile
Dessus la ville comme un soupir
Te rappelle à notre souvenir.

Né et décédé à Montréal, Émile Nelligan (1879-1941)
est, à l'instar d'Arthur Rimbaud, un enfant prodige
de la poésie. D'une nature rêveuse, triste et morose,
il se réfugie très tôt dans les vers pour échapper à son
mal de vivre. Son œuvre, il la compose en l'espace de
trois courtes années, du printemps 1896 à l'été 1899.

Il n'a pas encore vingt ans quand il est pris de crises de délire, qui entraînent son internement. Son recueil en préparation – qui restera inachevé – s'est d'abord intitulé *Pauvre Enfance*, puis *Le Récital des Anges* et enfin *Motifs du Récital des Anges*. Nelligan meurt sans jamais être sorti de la «folie» dans laquelle il était tombé (il souffrait de schizophrénie – appelée «démence précoce» à l'époque – et avait des pensées suicidaires, comme Gérard de Nerval, dont nous reparlerons plus bas). Si débilitante fut sa maladie qu'il n'a jamais pu ajouter d'autres poèmes à son œuvre de jeunesse (à peine était-il capable d'en réciter des morceaux par cœur). Mort à 61 ans après avoir passé les deux tiers de sa vie dans des hôpitaux psychiatriques, Nelligan a laissé une œuvre de quelque 170 poèmes, et les circonstances de sa vie ont contribué à faire de lui une légende au Québec. Il reste certainement le mieux connu et le plus chéri de nos poètes.

Ce que ne mentionnent pas toutes les notices biographiques, c'est que Nelligan, comme avant lui Baudelaire (1821-1867), fut contraint par son père, homme d'origine irlandaise avec qui il ne s'entendait guère, à entreprendre un voyage outre-mer, vraisemblablement pour le détourner de ses ambitions poétiques. Le voilà donc qui s'embarque, à dix-huit ans, comme matelot sur un navire à destination de l'Angleterre. (Baudelaire, on le sait, détestait son beau-père, le sévère général Aupick qui, pour s'en débarrasser, le mit à bord d'un navire en partance pour les Indes.) C'est l'année suivant son retour que les crises commencent. À l'instar de

Baudelaire encore, son œuvre est caractérisée par le spleen et la douleur insupportable de vivre. Dans l'ordre des influences, la première que subit Nelligan fut celle de Baudelaire. Élève et maître amènent la question du rapport entre la souffrance psychologique et la poésie. Je crois que la détresse morale incite à une forme particulière de poésie (pathétique) plutôt qu'elle ne sert de source d'inspiration générale, sinon la poésie serait inconcevable en dehors du mal de vivre. Mais je serais assez d'accord avec l'idée que c'est le pathos qui fait la grande poésie. On s'accorde généralement pour dire que Baudelaire fut *le* poète du XIXe siècle, devant Hugo. Précisément parce que les vers hugoliens étaient grandioses plus qu'ils n'étaient touchants (exception faite de ses *Contemplations,* sur lesquelles nous aurons l'occasion de nous émouvoir dans la partie *ÉTRANGERS DE PASSAGE*).

La vie et l'œuvre de Nelligan soulèvent une autre question, celle de la folie créatrice. Certes, nul besoin d'être fou pour créer, mais le fait de l'être – ou du moins de s'approcher de la folie – semble favoriser un certain type de génie littéraire. Ainsi la folie serait tel un gouffre : tant qu'on se tient au bord, c'est l'inspiration géniale ; mais dès qu'on s'enfonce dans l'abîme, c'est l'obscurité destructrice. Il faut répéter cette vérité tellement elle est cruelle : le pauvre Émile n'a jamais plus écrit de vers après son internement. Tout juste arrivait-il à réciter quelques bribes de ses anciens poèmes. Pour ne s'en tenir qu'à la littérature française, outre celui d'Émile Nelligan, évoquons le nom de l'infortuné Gérard de Nerval (né en 1808), que l'on retrouva pendu à une grille de la rue de la Vieille-Lanterne, à Paris, au petit matin du 26 janvier 1855. Il avait, la veille au soir, laissé un billet prémonitoire à sa tante, dans lequel il ne put s'empêcher de faire une ultime rime annonçant sa fin prochaine: «Ne m'attends pas ce soir, car la nuit sera blanche et noire.» Il n'est pas précisé ce dont souffrait Nerval, mais comme il était atteint de crises de délire, il est permis de supposer qu'il était schizophrène, comme Nelligan.

SCHIZOPHRÉNIE [skizofʀeni] *n. f.* (1911; de *schizo-* [du grec *skhizein* «fendre»], et gr. *phrên* «esprit»). *Psychiatr.* Psychose caractérisée par une désagrégation psychique (ambivalence des pensées, des sentiments, conduite paradoxale), la perte du contact avec la réalité, le repli sur soi.
— Le *Petit Robert,* 1990, p. 1777

Intrigué par cette maladie en apparence créatrice puis destructrice de génies, je me suis renseigné auprès de la Société québécoise de la schizophrénie (www. schizophrenie.qc.ca), où j'ai eu la confirmation de ce que je soupçonnais depuis m'être penché sur le cas de Nelligan, à savoir que la schizophrénie tend à frapper ses victimes au sortir de l'adolescence: «Ce trouble, qui touche 1 % de la population, atteint surtout de jeunes adultes au début d'une vie prometteuse [...]». Bien que n'étant pas expert en psychiatrie, je persiste à penser que durant sa période de «latence», c'est-à-dire avant l'apparition des premiers symptômes évidents, la schizophrénie contribua au génie nelliganien.

De la discussion précédente découle une autre question délicate et controversée. Faut-il forcément s'apitoyer sur le sort des génies littéraires que la folie ou la mort a fauchés, dans la prime jeunesse ou dans la force de l'âge, après leur avoir tout juste laissé le temps de créer leurs œuvres, préservant ainsi ces créateurs des affres d'une production plus tardive et moins inspirée? On a dit de Lamartine qu'il aurait été préférable qu'il s'arrête après ses *Méditations poétiques,* le reste de son œuvre étant, par comparaison, de moindre qualité. Même son de cloche dans la préface d'une réédition marquant le centenaire des *Fleurs du mal*:

> S'il fallait une preuve nouvelle de la part d'inconscient qui régit les poètes, on la trouverait dans ce fait que c'est à l'âge d'apprenti que Baudelaire donne sa pleine mesure. Ses coups d'essai furent des coups de maître. Les meilleures pièces de son recueil datent de l'époque où il sortait à peine de l'enfance. Des vers de *Lesbos* ont vu le jour sur son pupitre d'écolier. Il avait donc sa discipline née dans le sang. Son génie fléchit avec le bouillonnement de l'âge. C'est quand il avait reçu toutes les leçons de l'expérience et qu'il pliait sous le poids de ses méditations, qu'il composa les *Aménités belges* qui restent, à tout prendre, une chose assez médiocre.
>
> — Ernest Raynaud, «Préface», *Les fleurs du mal,* 1957

Ainsi, si l'on peut regretter les fins de vie qu'ils ont connues, on peut se féliciter en revanche que Nelligan et Rimbaud n'aient pas eu le temps d'ajouter à leur œuvre des pièces qui auraient risqué de la diluer.

Tous deux ont cherché à fuir leur jeune existence dans la poésie, tous deux ont été rattrapés, qui par la maladie traîtresse (Nelligan), qui par le goût de l'aventure (Rimbaud), tous deux à l'âge de dix-neuf ans! Les parallèles ne manquent pas dans d'autres domaines artistiques. Le beau James Dean (1931-1955) n'a pas eu le temps de jouer dans des «navets». Ainsi naissent les mythes.

L'autre jour je suis allé sur le mont Royal déposer ma *Consolation* sur la tombe familiale de l'enfant poète enterré au cimetière Notre-Dame-des-Neiges. Ce que j'y vis me fit chaud au cœur: d'autres m'avaient devancé et laissé derrière eux des témoignages d'appréciation à celui dont le souvenir reste bien vivant dans la mémoire des Montréalais et des Montréalaises cent ans après la parution de son œuvre.

III

Les grands projets de M. Drapeau, je pense ici plus particulièrement à l'Expo 67 et aux Jeux olympiques de 1976, nous ont permis de réaliser qu'il est possible de vivre plus humainement dans l'accueil des différences et dans l'ouverture aux autres comme dans la paix et le partage d'un même idéal.
— Homélie de Mgr Jean-Claude Turcotte, archevêque de Montréal, lundi 16 août 1999

MÉGALO DRAPEAU[1]

En 1954 apparaît un jeune nouveau,
Un des meilleurs avocats du barreau,
Qui prend la mairie de MTL d'assaut,
Succédant à Camilien Houde le gros.
N'eût été un certain Fournier, Sarto,
Il n'aurait jamais été défait, le Jeannot !
En 1966 c'est l'inauguration du métro,
Et la routine du « métro-boulot-dodo ».
En 1967 c'est la foire mondiale, l'Expo,
Le monde débarque au milieu des flots.
Après l'Expo c'est le fiasco du Vaisseau,
Monsieur le maire voit trop grand et oh !
Il coule à pic son bateau d'or, son resto.
En 1969 c'est l'apparition de nos Expos,
Place au baseball en avril s'il fait beau.
En 1976 c'est la présentation des Jeux O,
On paye toujours les folies du C.O.J.O.[2]
En 1986 c'est la voix secouée de sanglots
Que monsieur le maire fait ses adieux au

1. Je me suis substitué à l'artiste le temps d'une caricature de feu notre maire.
2. Comité organisateur des Jeux olympiques.

Bureau, invoquant santé, stress du boulot.
Il a toujours insisté pour conduire son auto
Pour que ses voisins ne se disent tout haut,
En le voyant rentrer chez lui l'air penaud :
'Garde, i' chauffe sa prop' auto à nouveau.
Il y en a qui disent qu'il en a fait bien trop,
Mais moi je l'aime malgré tous ses défauts,
L'ancien maire Jean « Mégalo » Drapeau !

~

Les Montréalais sont très partagés quant à l'héritage laissé par le maire Jean Drapeau, décédé seulement quelques mois avant le tournant du millénaire, le 12 août 1999, à l'âge de 83 ans. Pour les uns, il était un homme atteint de mégalomanie dont la folie des grandeurs n'aura servi qu'à endetter la ville pour des générations à venir. La facture des installations olympiques de 1976 s'est élevée à trois milliards de dollars, soit dix fois le budget initialement prévu. Pour rassurer les sceptiques, monsieur le maire aurait fait la déclaration suivante : « Les Olympiques ne peuvent pas plus avoir de déficit qu'un homme peut avoir un bébé. » Si on ne peut le tenir seul responsable des dépassements de coût, cette déclaration reste sans doute la plus malheureuse de sa longue carrière.

Pour les autres, le maire Drapeau était un visionnaire dont les audacieux projets ont contribué à faire de Montréal une ville de renommée internationale. Même si c'est avec le sourire aux lèvres que je le dis à la fin de mon poème, je me range du côté des Montréalais qui voient en lui un homme de la trempe d'un René Lévesque ou d'un Pierre Elliott Trudeau. Drapeau a voulu faire de Montréal une ville planétaire, comme René Lévesque a voulu faire du Québec un pays à part entière, et comme Trudeau a voulu faire du Canada une fédération exemplaire. Tous trois étaient des hommes qui voyaient loin, que l'on soit d'accord ou non avec la vision qui était la leur.

Posez-vous cette question : de quoi aurait l'air Montréal sans les principales réalisations de l'administration Drapeau ?

1962   Inauguration de la Place Ville-Marie, premier gratte-ciel moderne à embellir la silhouette de Montréal.

1963   Inauguration de la Place des Arts, grande salle de spectacle qui faisait défaut jusque-là à Montréal.

1966   Inauguration du métro pneumatique de Montréal, à temps pour l'Exposition universelle qui a lieu l'année suivante.

1967   Inauguration de l'Exposition universelle de Montréal, coïncidant avec le centenaire du Canada ; elle accueillera plus de 50 millions de visiteurs du monde entier, faisant de Montréal, le temps d'un été, une véritable Terre des Hommes.

1969   Inauguration de la première saison de baseball des Expos de Montréal, le 14 avril, au parc Jarry.

1976   Inauguration des XXIe Jeux d'été, le 17 juillet, au Stade olympique, qui laisseront des souvenirs inoubliables aux passionnés de sport... et aux contribuables montréalais !

En évoquant, sourire en coin, la prétendue mégalomanie du maire Drapeau, j'ai passé sous silence certains de ses projets plus – comment dirais-je ? – excentriques, dont celui de construire une tour bétonnée sur le mont Royal, rien de moins :

> Au cours de son histoire, le mont Royal a été à l'origine des idées les plus farfelues. En 1895, un avocat propose de relier l'île Sainte-Hélène au sommet du mont Royal par un téléférique soutenu par deux tours semblables à la tour Eiffel ! Inspiré par ses idées ambitieuses, Jean Drapeau a eu lui aussi de nombreux projets pour le mont Royal, dont celui d'y construire une tour de béton. Heureusement, le projet avorta !
> — Sophie Aubin et Vicky Lacharité, *Je connais Montréal*, 2002, p. 154

Après l'Expo c'est le fiasco du Vaisseau, / Monsieur le maire voit trop grand et oh ! / Il coule à pic son bateau d'or, son resto. Ces vers font évidemment allusion à la malencontreuse affaire de restauration dans laquelle le maire Drapeau s'était lancé. Il avait ouvert un établissement très chic, avec orchestre classique, appelé le Vaisseau d'Or, qui sombra lamentablement au bout de quelques années. Sans doute n'avait-il pas choisi le nom du restaurant au hasard. Il s'agit du titre du plus célèbre des poèmes de Nelligan, tant par sa beauté que par sa préfiguration de la descente aux enfers de l'enfant poète. Refaisons connaissance avec ce magnifique mais troublant sonnet pour continuer en quelque sorte notre consolation à Nelligan :

LE VAISSEAU D'OR

Ce fut un grand Vaisseau taillé dans l'or massif :
Ses mâts touchaient l'azur, sur des mers inconnues ;
La Cyprine[3] d'amour, cheveux épars, chairs nues,
S'étalait à sa proue, au soleil excessif.

Mais il vint une nuit frapper le grand écueil
Dans l'Océan trompeur où chantait la Sirène,
Et le naufrage horrible inclina sa carène
Aux profondeurs du Gouffre, immuable cercueil.

Ce fut un Vaisseau d'Or, dont les flancs diaphanes
Révélaient des trésors que les marins profanes,
Dégoût, Haine et Névrose, entre eux ont disputés.

Que reste-t-il de lui dans la tempête brève ?
Qu'est devenu mon cœur, navire déserté ?
Hélas ! Il a sombré dans l'abîme du Rêve !

---

3. Cyprine (ou Cypris), surnom de Vénus, honorée dans l'île de
Cypre (aujourd'hui Chypre).

Un brin d'humour à présent pour ne pas conclure sur un ton trop grave. Ce que je raconte dans mon poème à propos de Drapeau et de son auto est une anecdote tout à fait vraie. À un journaliste qui lui demandait pourquoi il se privait des services d'un chauffeur, auxquels il avait pourtant droit, le maire répondit qu'il préférait conduire lui-même sa voiture par plaisir mais aussi, au cas où il serait défait un jour, pour ne pas avoir à entendre ses voisins s'exclamer : « Regarde, il conduit sa propre voiture à nouveau. »

POST-SCRIPTUM – Ce chapitre était bouclé depuis un certain temps déjà quand, d'aventure, « monsieur le maire » s'est rappelé à mon bon souvenir. Descendu faire une course dans le Vieux-Montréal, je traversais la place Jacques-Cartier en direction de la rue Saint-Paul et la parfumerie Senteurs de Provence. C'est à ce moment-là que je l'aperçus de loin, trônant du haut de ses 2,47 m de bronze, place de la Dauversière. M'approchant de l'imposante statue tournant le dos au mur d'enceinte ouest du Château Ramezay, en face de l'hôtel de ville, je pus enfin distinguer sur le socle de granit cette simple inscription : *Jean Drapeau 1916-1999.* Après avoir jeté un regard à la ronde pour m'assurer que j'étais seul, je dis à voix basse, levant les yeux vers la haute figure métallique : « Monsieur le maire, je ne pensais pas me trouver nez à nez (façon de parler) avec vous un jour ! Du coup, je me sens tout gêné d'avoir composé mon petit poème humoristique sur votre personne. Mais n'allez surtout pas croire que j'ai voulu être irrévérencieux. Vous savez aussi bien que moi que ceux qui aiment bien taquinent bien. Et si vous voulez que je vous dise, ce monument plus grand que nature, eh bien, je trouve qu'il convient parfaitement à l'homme qui s'est dépensé sans mesure pour sa ville. (Remarquez bien que je n'ai pas dit : « Qui a dépensé sans mesure » !) Sous votre regard impassible, je prends l'engagement de faire un détour par cette place – qui évoque la mémoire d'un autre grand homme – chaque fois que ma route me mènera dans le Vieux-Montréal. Je viendrai vous y saluer pour que vous ne mettiez pas en doute la sincérité de l'admiration que je vous porte. Au revoir ! »

IV

Juif errant, personnage légendaire qui, selon une tradition populaire, aurait été condamné à marcher sans s'arrêter jusqu'à la fin du monde, pour avoir injurié Jésus portant sa croix.
— Le *Petit Larousse*, 1961, p. 578

LE JUIF ERRANT
À Mordecai Richler

Comme le personnage légendaire, le Juif errant,
Condamné à marcher jusqu'à la fin des temps,
Entre le nouveau et puis l'ancien continent
Tu fus ballotté au gré des vents et courants.

Avec regret, je t'ai rencontré sur le tard,
Quelques mois après ton bien trop hâtif départ,
Ne devant qu'à l'œuvre d'un fabuleux hasard
D'être tombé sur Duddy au fond d'un placard!

Je pénétrai alors dans le merveilleux monde
De ta plume impénitente autant que féconde
Et découvris avec une émotion profonde
Le ghetto de Montréal, époque moribonde.

Si les murs de chez Wilensky pouvaient parler,
Ô comme ils en auraient long à nous raconter
Sur toi et tes camarades de l'école Fletcher
Qui veniez y traîner et des tours y jouer.

Là où maintenant pour l'éternité tu reposes,
Sur les hauteurs du mont qui domine toutes choses,
Surplombant le quartier où ta vie s'est éclose,
De buis vert et de thym rose ta tombe est enclose.

C'est grâce au billard que j'ai rencontré Mordecai Richler, le célèbre écrivain anglo-montréalais d'origine juive. Quand je dis « rencontré », j'entends son œuvre. Cherchant de la lecture pour un voyage en train à Toronto, où mon ami Ken m'avait invité à venir passer quelques semaines à l'automne 2001, je m'étais rendu à ma bibliothèque municipale et y avais fait une recherche sur le mot *billard,* jeu (sport?) auquel on venait de m'initier et qui m'avait immédiatement emballé. Parmi les titres repérés dans la collection informatisée figurait une entrée inattendue : *On Snooker,* de Mordecai Richler, le dernier livre qu'il devait publier de son vivant, en 2001. Je m'empressai de le retirer des rayons. Comme tout le monde, j'avais entendu parler de Richler l'écrivain et peut-être encore davantage de Richler le pamphlétaire, le polémiste tirant à boulets rouges sur tout ce qui bouge (surtout les séparatistes!), mais je n'avais encore jamais rien lu de lui. *On Snooker* allait donc me fournir l'occasion de découvrir le journaliste avant le romancier, puisqu'il s'agissait d'un reportage que lui avait commandé un magazine new-yorkais. Si le billard est une passion tardive pour moi, Mordecai s'y est adonné dès l'âge de 13 ans, séchant ses cours à l'école secondaire Baron Byng[4] pour aller traîner dans l'atmosphère enfumée et la lumière tamisée des

------

4. Richler a fait ses études secondaires au Baron Byng High School, qu'il déguise sous le nom de Fletcher's Field High School dans ses romans, Fletcher's Field étant l'ancienne appellation du parc Jeanne-Mance situé tout près. Construit en 1921, l'édifice en briques brunes existe toujours (sur Saint-Urbain, juste au nord de Rachel), mais n'a plus vocation d'école depuis 1980. Richler a fait partie de la promotion de 1948.

salles de jeu qui ne manquaient pas dans le quartier ouvrier juif de Montréal, le « ghetto ». Pour vous le situer, disons qu'il formait un quadrilatère ayant pour côtés les avenues du Parc (à l'ouest), Bernard (au nord), des Pins (au sud), et le boulevard Saint-Laurent (à l'est).

J'ai le souvenir d'avoir dévoré l'ouvrage de 183 pages pendant le voyage de 4 heures et 29 minutes[5], ce qui, traduit en vitesse de lecture, fait 40 pages à l'heure, ou une minute et demie par page. Est-ce possible ? N'étant pas adepte de la lecture rapide, j'ai voulu prendre la précaution de vérifier, par acquit de conscience, que ce que je vous raconte là n'est pas un bobard. Eh bien non ! Deux ou trois pages bien remplies choisies au hasard dans *On Snooker* et lues à un rythme normal ne m'ont demandé qu'une minute et demie chacune. Sans le savoir, j'avais emporté à bord du train un livre fait sur mesure pour être lu de la première à la dernière page en quatre heures et demie, la durée prévue du trajet. Incroyable ! Et chez mon ami il allait se passer quelque chose qui prouve que j'étais vraiment prédestiné à « rencontrer » Richler…

---

5. J'ai retrouvé la partie *reçu* de mon billet de train. Aller effectué le 2 novembre 2001. Départ de Montréal 15 h 40. Arrivée à Toronto 20 h 09. S'agissant de VIA et non de la SNCF, le train est presque certainement arrivé en gare Union avec quelque retard, mais ça, je ne saurais l'affirmer. Puisque j'ai la mémoire qui flanche, laissons le bénéfice du doute à notre compagnie nationale de chemin de fer et faisons la supposition que le train fut à l'heure, pour une fois !

Homme cultivé, Richler mentionne, à la fin de son livre (p. 182), des écrivains bien connus qui ont glissé des descriptions de parties de billard dans leurs œuvres. On déplore cependant un grand absent, Stendhal, et sa fameuse scène où le héros de son roman, Julien Sorel, parti des profondeurs de sa campagne, arrive, intimidé, dans la capitale, Besançon :

> […] il passa devant le grand café, sur le boulevard. Il resta immobile d'admiration ; il avait beau lire le mot café, écrit en gros caractères au-dessus des deux immenses portes, il ne pouvait en croire ses yeux. Il fit effort sur sa timidité ; il osa entrer, et se trouva dans une salle longue de trente ou quarante pas, et dont le plafond est élevé de vingt pieds au moins. Ce jour-là, tout était enchantement pour lui.
>
> Deux parties de billard était en train. Les garçons criaient les points ; les joueurs couraient autour des billards encombrés de spectateurs. Des flots de fumée de tabac, s'élançant de la bouche de tous, les enveloppaient d'un nuage bleu. La haute stature de ces hommes, leurs épaules arrondies, leur démarche lourde, leurs énormes favoris, les longues redingotes qui les couvraient, tout attirait l'attention de Julien. Ces nobles enfants de l'antique Bisontium ne parlaient qu'en criant ; ils se donnaient les airs de guerriers terribles. Julien admirait immobile ; il songeait à l'immensité et à la magnificence d'une grande capitale telle que Besançon. Il ne se sentait nullement le courage de demander une tasse de café à un de ces messieurs au regard hautain, qui criaient les points du billard.
>
> — Stendhal, *Le rouge et le noir,* 1831, chapitre XXIV

De nos jours, on entre avec moins de trépidation dans une salle de billard. Puisqu'il ne m'en coûte rien de le dire, je suis un habitué de la Boul Noir, située au 551 de l'avenue du Mont-Royal Est, pratiquement en face de la sortie du métro du même nom. Téléphone : (514) 525-5091. Si vous y allez le jour, vous risquez d'y croiser un personnage haut en couleur, Roméo, septuagénaire ventripotent qui connaît toute l'histoire de cette vénérable salle. Il dit même en avoir été le propriétaire à un moment donné. Invitez-le à votre table, il se fera un plaisir de satisfaire votre curiosité. Et attention ! Malgré son âge aussi vénérable que celui de la salle, il est encore capable d'empocher de belles boules, et il joue vite par-dessus le marché. On devine qu'il a dû être un bon joueur. Dieu fasse que je sois aussi fringant quand j'aurai franchi le cap des 70 ans !

C'est par extension que j'emploie l'expression *Juif errant* pour décrire Mordecai Richler, car on ne compte plus ses va-et-vient entre le Canada et l'Angleterre. Il a emporté ses pénates à Londres au début des années 1950, mais n'a jamais oublié Montréal, sa ville natale, qu'il revenait visiter régulièrement, et où il s'est réinstallé pour de bon en 1972. Il est un autre Juif célèbre que son biographe a décrit avec la même épithète :

Un mois plus tard Bob jouait pour le pape Jean-Paul II au Congrès eucharistique mondial à Bologne, en Italie. Quel curieux spectacle que de voir un Juif errant chanter *Knockin' on Heaven's Door* devant un pontife vieillissant qui paraissait somnoler pendant la prestation.

— Howard Sounes, *Down the Highway: The Life of Bob Dylan*, 2001, p. 425-426

Je le dis et je le répète, j'ai toujours éprouvé énormément de sympathie pour les Juifs. Serait-ce parce que j'ai moi-même un peu de sang juif, à ce qu'on me dit? (Mon arrière-grand-mère maternelle – la mère de mon grand-père maternel – était une certaine madame Marcks, de Pologne.) Toujours est-il que tout au long de ma vie j'ai noué de profondes amitiés avec des Juifs. Il y eut d'abord Sidney, mon inséparable voisin du temps où j'habitais L'Abord-à-Plouffe (maintenant Chomedey), au nord de Montréal. Puis à mon entrée à l'Université McGill je fis la connaissance de Ken, fils de bonne famille juive de Westmount. Si j'ai perdu de vue le premier, le second reste à ce jour mon meilleur et plus fidèle ami. Ce qui me ramène à mon voyage à Toronto. C'est tout à fait fortuitement que, après avoir lu son reportage sur le snooker, j'ai découvert l'œuvre romanesque de Mordecai Richler. Ken faisait du rangement dans une penderie quand il est tombé sur le premier roman à succès de l'auteur, *The Apprenticeship of Duddy Kravitz*, publié en 1959. N'eût été le fait qu'il m'avait vu arriver chez lui avec *On Snooker*, il n'aurait eu aucune raison particulière d'extraire *Duddy* de la boîte où il dormait depuis je ne sais quand. Je n'ai fait qu'une bouchée de *Duddy* et, depuis, je m'efforce de rattraper le temps perdu en lisant (et collectionnant) tous les romans de Mordecai Richler. Il a parlé de ce qu'il connaissait le mieux, de Montréal et de son ancien quartier ouvrier juif traversé par la rue Saint-Urbain, où il est né et a grandi, et d'où il a tiré la plupart des personnages qui peuplent son œuvre. Il est dommage que Mordecai Richler n'ait pas ménagé davantage sa santé (il buvait et fumait plus que de raison); il n'avait que 70 ans quand il nous a quittés le 3 juillet 2001, laissant probablement quelque ouvrage inachevé. Il se plaisait à répondre, quand on lui demandait quel était son meilleur roman, que c'était celui qu'il était en train d'écrire, ce qui n'est pas sans rappeler les propos de Théophile Gauthier: «Les poètes sont ainsi. Leur plus beau poème est celui qu'ils n'ont pas écrit.» Si vous avez l'occasion de vous rendre sur la tombe de Mordecai Richler (il repose au cimetière Mont-Royal, dans une section nommée joliment Rose Hill, à l'extrémité est), la vue qu'on y a sur le Plateau Mont-Royal et l'est de la ville, à travers l'écran de verdure, est imprenable. Un banc public portant une inscription à Mordecai se trouve là (dernière volonté de l'auteur?), face à la tombe, de l'autre côté du chemin goudronné, comme pour nous inviter à lui tenir un moment compagnie en feuilletant les pages d'un de ses romans. J'ai fait encore mieux. Je suis allé lui rendre hommage de vive voix, lisant au pied de sa tombe un texte préparé à l'avance et dont voici la teneur:

Dimanche 8 juin 2003, au cimetière Mont-Royal, par un bel après-midi

Mordecai, le fait que nous soyons réunis ici en ce dimanche après-midi de juin, quand l'un pourrait participer à une compétition de golf dans tes chers

Cantons de l'Est, l'autre se reposer confortablement chez lui après une course éprouvante de 10 km, et le troisième en faire autant après une semaine stressante passée dans la capitale nationale à évaluer des anesthésistes en dernière année d'internat, témoigne de notre profonde affection et admiration pour ta vie et ton œuvre. Nous sommes venus déposer sur ta tombe un poème avec, au verso, un portrait de toi jeune homme. (La ressemblance n'est pas mal, ne trouves-tu pas?) Que le poème recouvert de plastique pour résister aux éléments, et lesté avec une pierre trouvée à proximité, reste en place jusqu'au 3 juillet – deuxième anniversaire de ta mort – et ne soit enlevé que par un membre de ta famille bien-aimée. Pendant ces quelques moments que nous passerons avec toi, nous lirons de ton poète préféré deux extraits qui aident à comprendre, l'un, l'épitaphe sur ta pierre tombale, et l'autre, l'inscription sur le dossier du banc surplombant le quartier où tu es né. Ensuite, en guise de prélude au joyeux toast que nous te porterons à la fin, nous lirons un passage de ton dernier ouvrage, *On Snooker,* et un autre tiré de l'avant-propos que ton fils Noah a écrit pour une collection posthume de tes articles sur le monde du sport, *Dispatches from the Sporting Life.* Consacrer ton ultime livre au jeu que tu pratiquais et suivais avec passion a dû te procurer une satisfaction immense, de même que de le voir sortir en librairie juste avant ton départ prématuré de ce monde d'ici-bas, si agréable pour les uns, si misérable pour les autres. Le monde est ainsi fait qu'il n'est pas en notre pouvoir d'en modifier le cours. Mais si le monde était un roman, Mordecai, de ta position avantageuse dans les cieux, ne pourrais-tu

pas en changer l'histoire pour qu'elle finisse bien?
(Tu es bien là-haut, n'est-ce pas, Mordecai? Fais-nous
signe!)

Avant de me rendre sur la tombe de Richler en cette
splendide journée dominicale, où j'avais donné
rendez-vous à mon cousin Allen et à sa femme Anne,
j'avais participé le matin à une visite guidée à travers
le petit monde enclavé dans lequel a grandi Richler,
essentiellement les cinq rues comprises entre le
boulevard Saint-Laurent et l'avenue du Parc: Clark,
Saint-Urbain, Waverly, de l'Esplanade et Jeanne-Mance
(entre Saint-Viateur au nord et Rachel au sud). Notre
guide, Stanley Asher, de quelques années le cadet de
Mordecai, ancien élève comme lui de l'école Baron
Byng, nous a dit y avoir croisé plusieurs fois Richler
dans les couloirs. Rien n'indiquait encore qu'un futur
grand écrivain sommeillait en lui. Pour moi, le fait

saillant de la visite intitulée *Le Montréal de Mordecai Richler* fut l'arrêt obligatoire chez Wilensky, petit restaurant où le jeune Mordecai avait l'habitude de flâner avec sa joyeuse bande de copains :

> Je nous revois clairement, Jerry, Hershey, Myer et moi, faisant un arrêt chez Wilensky's pour s'enfiler des hot dogs après une expédition de vol à l'étalage chez Woolworth's, dévissant subrepticement les capuchons des salières et des poivrières avant de quitter nos places au comptoir, puis courant dans la ruelle en chahutant bruyamment, ne nous taisant qu'à l'approche du coin de Jeanne-Mance, au cas où mon grand-père serait en train de prendre l'air du soir, assis sur son balcon.
> — Mordecai Richler, *This Year in Jerusalem*, 1994, p. 30

Avec des articles de journaux plein les murs, l'intérieur du restaurant est comme un musée à la mémoire de l'écrivain disparu. La veuve du propriétaire-fondateur se souvient très bien du jeune galopin qu'était Mordecai ! Sur la vitrine du casse-croûte on peut encore distinguer la trace de l'apostrophe et du grand *S* qui ont disparu à la fin de *WILENSKY*. C'était avant que le restaurant se francise, loi 101 oblige ! Y mettre les pieds, c'est reculer 50 voire même 75 ans en arrière tellement le temps paraît s'y être figé. Voici ce qu'en avait dit un journaliste l'année précédant ma visite :

Il est 9 h du matin et le salami grésille déjà sur les plaques chauffantes de chez Wilensky, sans doute le plus mythique des commerces mythiques de Montréal. [...]

C'est ici que Mordecai Richler a situé l'action de son roman *L'Apprentissage de Duddy Kravitz*, et c'est également ici que le cinéaste Ted Kotcheff est venu porter l'ouvrage au grand écran au début des années 1970.

Le resto Wilensky est si vieux que tout ce qui s'y trouve a acquis une espèce de statut patrimonial qui se passe d'explications. Ainsi, selon Mme Wilensky, la bibliothèque est là « parce qu'elle est là et qu'elle a toujours été là ».

— Nicolas Bérubé, « Au nom du père, du fils et du Wilensky », *La Presse,* vendredi 16 août 2002, p. B5

Notre guide, toujours pressé de poursuivre la visite, ne m'a pas laissé le temps de noter·le contenu du menu accroché à la porte d'entrée du resto (j'ai dû revenir sur mes pas plus tard, en redescendant de la montagne). Le menu, comme le resto, paraît dater d'une autre époque (je ne puis garantir les prix, mais comme rien ne semble changer chez Wilensky, peut-être seront-ils toujours en vigueur quand vous y passerez, qui sait?).

WILENSKY SPECIAL:	2.75	SPÉCIAL WILENSKY:
with Swiss cheese	3.35	avec fromage Swiss
with Kraft cheese	3.15	avec fromage Kraft
HOT DOG:	2.00	CHIEN CHAUD:
with Swiss cheese	2.60	avec fromage Swiss
with Kraft cheese	2.40	avec fromage Kraft
CHOPPED EGG:	2.75	ŒUFS HACHÉS:
with Swiss cheese	3.35	avec fromage Swiss
with Kraft cheese	3.15	avec fromage Kraft
SLICED EGG	2.75	ŒUFS TRANCHÉS
KRAFT CHEESE	2.75	FROMAGE KRAFT
SOFT DRINKS	1.05/1.65	LIQUEURS DOUCES
DIET SOFT DRINKS	1.05/1.65	LIQUEURS DOUCES DIÈTE
EGG CREAM SODA	1.35/2.00	SODA FRAPPÉ
MILK	1.00	LAIT
CHOCOLATE MILK	1.10	LAIT AU CHOCOLÂT
MILK SHAKE	1.85	LAIT FRAPPÉ
TEA/COFFEE	1.00	THÉ/CAFÉ
SOUR PICKLE	0.80	CORNICHON SÛR
HALF SOUR PICKLE	0.80	CORNICHON DEMI-SÛR
KARNATZEL	0.50	KARNATZEL

Je trouve le bilinguisme d'une ville comme Montréal absolument fascinant. On ne cesse d'aller de surprise en étonnement! Rien que dans le menu de chez Wilensky, au moins une demi-douzaine de perles amusent l'observateur. De haut en bas. Passons vite sur le *fromage Swiss,* qui ainsi écrit paraît plus anglais que suisse! Il n'y a qu'en Chine qu'on mange du *chien chaud,* ici on risque de s'étouffer en avalant le calque! On semble en avoir plus pour son argent en commandant les *œufs hachés* en français, les Anglos doivent se contenter du singulier! Idem pour les *œufs tranchés.* Quant aux *liqueurs douces,* qu'elles soient diététiques ou non, elles sont plus jolies que les boissons gazeuses, même si elles sont calquées! Le *lait au chocolat* perdrait-il de sa saveur s'il perdait son circonflexe sur le Â? Et pour rester dans les accents, les Wilensky ne semblent qu'à moitié *sûrs* de leurs *cornichons surs*! Mais bon, que vous ayez faim ou non, Wilensky vaut le détour, par pure curiosité. Vous trouverez ce resto au 34 de l'avenue Fairmount Ouest, au coin de la rue Clark, entre Saint-Urbain et Saint-Laurent. Téléphone: (514) 271-0247. Je me suis promis d'y retourner un jour pour goûter au mystérieux *karnatzel* et au fameux *spécial,* que le journaliste précité décrit ainsi:

> Le «spécial» est un petit sandwich au salami et au baloney grillés, recouvert de moutarde et servi avec deux moitiés inférieures de pain *kaiser* – les moitiés supérieures sont utilisées comme pain à hot-dog. En1932, le «Wilensky special» se vendait 12 cents. En 1965, 26 cents, et aujourd'hui 2,50 $[6].

Il me fait toujours chaud au cœur de tomber, au gré de mes lectures, sur des hommages au regretté Mordecai Richler. Je remarque d'ailleurs qu'on encense d'autant plus le romancier après sa mort qu'on a dénoncé le pamphlétaire de son vivant, culpabilité oblige! Quoi qu'il en soit, l'hommage dont je veux vous parler ici est très succinct, un petit clin d'œil symbolique,

---

6. Il y a donc au moins une chose qui change chez Wilensky, les prix. J'aurais dû m'en douter! Le lecteur attentif, à moins que ce ne soit la lectrice vigilante, aura même remarqué que le prix du «spécial» a encore augmenté de 25 cents en 2003.

c'est tout, mais ô combien touchant. Il s'agit d'une photo prise dans la rue natale de Mordecai (il est né au n° 5257 de la rue Saint-Urbain) et qui montre une « puise[7] » en forme de flambeau trônant sur la corniche vert-de-grisée d'une maison, avec cette légende :

RUE SAINT-URBAIN – Un flambeau à la mémoire de Mordicai (*sic*) Richler ?
— Pierre Philippe Brunet et Jean O'Neil, *Les couronnements de Montréal*, 2002, p. 145

Il est triste de penser que pendant que messieurs Brunet et O'Neil s'affairaient, la tête en l'air, à préparer leur photoreportage sur les couronnements de Montréal (après celui, tout aussi réussi, sur les escaliers extérieurs), Mordecai (avec un *e*) luttait vaillamment contre un cancer du rein dont il avait réchappé en 1998, mais qui devait l'emporter cette fois.

Parler de Mordecai Richler dans un livre destiné aux Montréalais francophones peut sembler de la provocation, lui à qui on a souvent reproché d'être

---

7. Jargon de l'architecture domiciliaire montréalaise : « Les pointes d'épées ou de flèches, les triangles, bouteilles renversées et autres machins-trucs bizarroïdes plantés à la verticale et à distances symétriques sur la corniche ou le parapet sont des puises, ou puises d'énergie, dans l'argot de ceux qui les posent ou les restaurent. Le mot, qui ne se trouve dans aucun dictionnaire, est peut-être une corruption de "prise", mais "puise" est également fort joli pour décrire la fonction du bidule. » (Pierre Philippe Brunet et Jean O'Neil, *Les couronnements de Montréal*, 2002, p. 29 et 30)

anti-français. Richler, anti-français? Allons donc! Est-ce que quelqu'un qui dans sa jeunesse a souvent fait cause commune avec les francophones contre leur ennemi commun, les *WASP* (*White Anglo-Saxon Protestants*); qui a abandonné l'université pour aller vivre la vie d'écrivain sans le sou à Paris; qui a dit et répété que le Québec était la seule province «vivable» au Canada; qui a suivi avec passion les exploits des grands joueurs francophones des Canadiens de Montréal (Richard, Béliveau, Lafleur); est-ce que quelqu'un qui a fait et dit tout cela peut être considéré comme anti-français? Que Richler le pamphlétaire ait eu un compte à régler avec les nationalistes québécois, qu'il ait été un dénigreur systématique de leurs lois linguistiques jugées discriminatoires, cela est manifeste; mais qu'il ait éprouvé quelque ressentiment à l'égard du peuple, non. Richler le romancier présente les Canadiens français sous un jour souvent beaucoup plus favorable qu'il ne présente les Juifs eux-mêmes, au grand dam de ses «congénères»! Il serait bien dommage que les Québécois de langue française boudent l'œuvre romanesque de l'auteur à cause de sa réputation d'enfant terrible. Pour découvrir et apprécier le romancier il faut faire abstraction du polémiste (sans pour autant le disculper de ses attaques satiriques parfois excessives – les Québécois peuvent se consoler à l'idée que Richler n'a pas épargné non plus «le reste du Canada»). Au symposium *Le défi Richler* auquel j'ai eu la chance d'assister à l'Université McGill les 18 et 19 mars 2004, j'ai entendu exactement le même plaidoyer, notamment de la part de l'écrivaine Nadine Bismuth qui, parlant au nom des jeunes lecteurs francophones, a exprimé le souhait que (je la cite de mémoire) « les journalistes canadiens-français réhabilitent le romancier complètement éclipsé par le pamphlétaire ». Car celui qui a fait connaître la rue Saint-Urbain au monde entier était un grand écrivain.

Requiescat in pace…

ÉTRANGERS DE PASSAGE

V

De Gaulle, [...] cet homme étonnant qui vint encourager le Québec, en 1967, à relever la tête.
— Jacques Godbout, « Histoires de famille », *L'actualité*, 1ᵉʳ avril 2004, Livres, p. 56

LE VOYAGEUR LÉGENDAIRE

Venu de France, tel un voyageur légendaire,
Retrouver un rameau perdu de son pays,
Il remonta le fleuve sur son vaisseau de guerre
Jusqu'à la ville où Montcalm en héros périt.

Là le voyageur fit halte et mit pied à terre,
Tout autour de lui se pressant la foule ravie.
Elle parlait une langue qui lui était familière,
Une langue apportée jadis de la mère patrie.

Le lendemain le voyageur prit la voie royale
Qui côtoie la rive nord depuis la capitale.
L'accueil fut tel qu'à la Libération : grandiose !

La route avait été longue, le jour déclinait
Sur la métropole où le destin attendait...
Que le voyageur légendaire dise quelque chose.

∼

Le général de Gaulle fit une visite mémorable au Québec en 1967, invité à fêter avec nous l'Exposition universelle de Montréal coïncidant avec le centenaire de la Confédération canadienne. L'épigraphe de Jacques Godbout fait évidemment allusion au fameux cri poussé par le grand homme du haut du balcon de

l'hôtel de ville de la métropole québécoise le soir du lundi 24 juillet : « Vive le Québec libre ! » Les années écoulées depuis ces paroles « libératrices » montrent qu'on peut fouetter l'ardeur des troupes sans pour autant leur faire remporter la bataille décisive. Une grande cause appelle un grand leader, fût-il modeste de taille. Le grand Charles a passé le flambeau au petit René, et maintenant les deux hommes se retrouvent au tombeau. Mais leur idéal de liberté survit.

Du discours du général, l'histoire n'a retenu que le vivat libérateur. Qui donc se souvient des paroles qui précédèrent le petit mot « de trop » qui allait faire toute la différence entre un discours protocolaire et un discours incendiaire ? Le général évoqua l'ambiance de la Libération et parla de l'émancipation des peuples. La table était mise :

> C'est une immense émotion qui remplit mon cœur en voyant devant moi la ville française de Montréal. Au nom du vieux pays, au nom de la France, je vous salue de tout mon cœur. Je vais vous confier un secret que vous ne répéterez pas. Ce soir ici, et tout le long de ma route, je me trouvais dans une atmosphère du même genre que celle de la Libération. Outre cela, j'ai constaté quel immense effort de progrès, de développement, et par conséquent d'affranchissement vous accomplissez ici et c'est à Montréal qu'il faut que je le dise, parce que, s'il y a au monde une ville exemplaire par ses réussites modernes, c'est la vôtre. Je dis c'est la vôtre et je me permets d'ajouter c'est la nôtre. Si vous saviez quelle confiance la France, réveillée après d'immenses épreuves, porte vers vous, si vous saviez quelle affection elle recommence à ressentir pour les Français du Canada et si vous saviez à quel point elle se sent obligée à concourir à votre marche en avant, à votre progrès ! C'est pourquoi elle a conclu avec le Gouvernement du Québec, avec celui de mon ami Johnson, des accords, pour que les Français de part et d'autre de l'Atlantique travaillent ensemble à une même œuvre française. Et, d'ailleurs, le concours que la France va, tous les jours un peu plus, prêter ici, elle sait bien que vous le lui rendrez, parce que vous êtes en train de vous constituer des élites, des usines, des entreprises, des laboratoires, qui feront l'étonnement de tous et qui, un jour, j'en suis sûr, vous permettront d'aider la France. Voilà ce que je suis venu vous dire ce soir en ajoutant que

j'emporte de cette réunion inouïe de Montréal un souvenir inoubliable. La France entière sait, voit, entend, ce qui se passe ici et je puis vous dire qu'elle en vaudra mieux. Vive Montréal! Vive le Québec! Vive le Québec libre! Vive le Canada français et vive la France!
— Charles de Gaulle, *Discours et Messages,* t. 5, 1970, p. 191-192

Ce soir-là, place Jacques-Cartier, un homme solitaire, figé sur sa haute colonne, écouta sans broncher les paroles gaulliennes: l'amiral anglais Horace Nelson (1758-1805), vainqueur de la bataille navale de Trafalgar contre les flottes réunies de la France et de l'Espagne, où il laissa sa vie. Ayant toujours déploré le manque d'ardeur de Louis XV à défendre la Nouvelle-France, c'est toute la dette de la monarchie française que de Gaulle, d'un seul coup, avec son cri lapidaire, effaçait en mettant fin à deux siècles d'indifférence de la mère patrie envers le Québec. La cession du Canada aux Anglais par le traité de Paris (1763), qui mit fin à la guerre de Sept Ans, n'émut point l'opinion française de l'époque. Il paraît même que l'Angleterre offrit de restituer la colonie à la France, qui déclina, préférant les champs de canne à sucre des Antilles aux « arpents de neige » du Canada! Épuisée à force de guerroyer en Europe, la France n'était plus en mesure de défendre tous ses territoires d'outre-mer, surtout les plus vastes. Les Anglais avaient déjà profité des guerres du prédécesseur de Louis XV pour prendre possession de l'Acadie, qui leur fut cédée par le traité d'Utrecht (1713). Deux gros morceaux de perdus.

L'image du vieux général inconsolé, regrettant la perte de la Nouvelle-France, m'a touché et inspiré cet autre poème :

LE VIEIL HOMME ET LE POIDS DU PASSÉ

Un vieil homme portait sur lui le poids de la honte.
Qu'avait-il fait pour mériter ce lourd fardeau ?
Rien. Il souffrait pour sa patrie dont on raconte
Qu'elle avait laissé enfant dans le Monde Nouveau.

Le vieil homme, voulant redresser le tort passé,
Vint demander pardon, comme le veut l'Évangile,
À cet enfant que sa mère avait offensé
En l'abandonnant là-bas, si jeune et fragile.

Sur les hauteurs de la cité aux plaines bibliques,
Foulant le sol foulé par Montcalm le premier,
Il pria, les yeux baissés et mélancoliques,
Pour les héros du champ de bataille meurtrier.

Peut-on reprocher à la France d'avoir manqué de vision ? Il est vrai que la terre est ronde et que la vue ne dépasse pas l'horizon. Or un roi perspicace et bien conseillé aurait dû pressentir toute la promesse du Nouveau Monde. Mais ne nous leurrons pas : à l'époque de la bataille décisive des plaines d'Abraham (1759), les descendants des premiers colons, les « Canadiens », étaient établis sur les bords du Saint-Laurent depuis plus de 150 ans (fondation de Québec par Champlain en 1608), si bien qu'ils formaient déjà un peuple distinct des Français envoyés sur place pour les gouverner. Ainsi, s'ils n'avaient pas été abandonnés à leur sort en 1763, les Canadiens n'auraient-ils pas fini par s'insurger contre les Français, comme les Américains contre les Britanniques, ne serait-ce qu'à cause du mépris dont ils étaient l'objet?

> En 1721, l'intendant Bégon demande d'envoyer au Canada le plus de Français possible, parce que la race française est à la veille de s'éteindre devant la croissance trop rapide des Canadiens. [...] Les Français qui nous gouvernent alors se montrent très méprisants. L'expression «maudits Français» remonte à cette époque, donc bien avant que la France nous cède aux Anglais.
> — Jean Morisset, propos receuillis par Véronique Robert, «Le brasse-Canayen!», *L'actualité,* juillet 2004, p. 18

On comprend que certains souverainistes à la mémoire longue, comme Jean Morisset, ne soient «pas d'accord avec la recherche d'un nouveau cordon ombilical avec la France». Hélas, on ne peut réécrire l'histoire, mais on peut tourner la page.

Consternation à Ottawa et à Paris à la suite de la frasque gaullienne. Le général aurait-il perdu la tête? Blessé par le communiqué officiel du gouvernement canadien jugeant ses propos «inacceptables», il coupa court à son voyage, repartant précipitamment le 26, en avion. Le vaisseau amiral de la marine française, le magnifique croiseur Colbert sur lequel il avait tenu à faire le voyage (pour arriver par le Québec en remontant le Saint-Laurent comme jadis

Jacques Cartier et Champlain[8]), repartit donc sans son précieux passager. Deux jours plus tard, le 28, la réaction officielle du gouvernement unioniste de Daniel Johnson fit un peu comme si de rien n'était : « Le président de la République française, le général Charles de Gaulle, a reçu de notre population un accueil triomphal sans précédent et sans équivoque. Le gouvernement du Québec est heureux de l'avoir invité à nous visiter et son passage chez nous restera inoubliable. » Tellement inoubliable que le pauvre Johnson (qui avait le cœur fragile) succomba peu de temps après, stressé « à mort » peut-être par le spectre de la séparation qu'il avait malgré lui évoqué avec son slogan trompeur « Égalité ou indépen*dance* », slogan que le général ne s'était pas gêné pour reprendre à son compte, en faisant pencher la ba*lance* du côté de la rime !

L'invitation à visiter l'Exposition universelle de Montréal ne servit en fait que de prétexte à la venue du général de Gaulle. En consultant les annales politiques[9], la vraie raison se révèle tout autre : c'est Johnson qui, engagé dans une lutte de décentralisation des pouvoirs avec Ottawa, profita d'un voyage préparatoire à Paris en mai 1967 pour demander l'appui du général : « Il nous faut votre

---

8. S'il avait pris l'avion, le protocole diplomatique aurait exigé qu'il atterrisse dans la capitale fédérale, Ottawa.

9. Voir le collectif réalisé sous la direction de Marcel Dubé et Yves Michaud, *Le Québec 1967-1987 : le Québec du général de Gaulle au lac Meech,* 1987. Les citations qui apparaissent dans la suite du chapitre, sans que soit mentionnée leur source, sont tirées de cet ouvrage.

aide, mon général, seul, je ne peux rien contre Ottawa. Notre peuple a besoin de vous... C'est maintenant ou jamais. » Et le général de répondre : « Je suis prêt à vous donner un coup de main qui vous servira pour l'avenir. » Il était venu dire aux Québécois qu'ils n'étaient pas seuls au monde, que la France était là. Et rappeler aux Canadiens anglais qu'il ne leur était plus possible d'ignorer le « fait français » au pays. Pour eux, le coup de main eut plutôt l'effet d'une gifle !

Qu'eût été le général s'il avait raté ce rendez-vous avec l'histoire ? Il cherchait depuis longtemps l'occasion propice d'intervenir. Quand elle s'est présentée à lui sur le balcon de l'hôtel de ville de Montréal, il l'a saisie au vol. Il faut dire que la demande de soutien que lui avait adressée Johnson s'inscrivait tout à fait dans ses convictions personnelles, favorable qu'il était à la décolonisation et à la libération des peuples dominés, auxquels il assimilait les Québécois. Sans doute connaissait-il la déclaration de Tocqueville (1831) : « Il n'y a pas de plus grand malheur pour un peuple que d'être vaincu. » Il se souvenait que la France l'avait été de son vivant à lui. Que dans le cas de la Nouvelle-France le peuple victorieux ait été anglo-saxon ne pouvait que lui procurer un malin plaisir additionnel à venir au Québec, lui qui avait souffert du manque de confiance des alliés anglo-américains pendant la guerre de 39-45 :

Pendant la Seconde Guerre mondiale, les États-Unis se portèrent de nouveau au secours de la France, mais le président américain, Franklin Roosevelt, ne fit jamais confiance au chef de la Résistance française, le général Charles de Gaulle. Les deux hommes se rencontrèrent à Casablanca en janvier 1943 et à Washington en juillet 1944, mais le courant ne passa pas. À son retour de la conférence de Casablanca, le président Roosevelt confiera à sa femme : « Le général de Gaulle est un soldat, patriote certainement, dévoué à son pays, mais en revanche, c'est un politique et un sectaire, et il y a chez lui, je crois, tous les attributs d'un dictateur. »

— Richard Hétu, « Les pires amis du monde », *La Presse*, samedi 15 février 2003, p. B1

Un moment de mon adolescence me revient en mémoire. Un beau jour ma grand-mère maternelle me fit demander par ma mère ce qu'il me plairait qu'elle m'envoie comme lecture. Les détails m'échappent dans la brume des souvenirs, toujours est-il que je reçus d'elle l'autobiographie du général de Gaulle en plusieurs volumes. Devant aussi imposante lecture, je compris que le général avait été – je dis « avait été » car on venait de le mettre en terre au cimetière de Colombey-les-Deux-Églises – un bien GRAND homme pour que sa vie occupe un si GRAND nombre de pages. Ses *Mémoires* dorment toujours sur mes tablettes car les souvenirs de guerre ne m'emballent guère !

Une courte notice biographique ne serait pas de trop, me semble-t-il, pour nous rafraîchir collectivement la mémoire sur la vie de cet homme hors du commun qui eut une sympathie particulière pour le Québec :

GAULLE (Charles **de**), général et homme d'État français, né à Lille en 1890. Commandant une division cuirassée à la fin de la campagne de France, il prit à Londres, lors de l'armistice de 1940, la tête de la résistance française à l'Allemagne. Chef du Gouvernement provisoire à Alger, puis à Paris (1944-1946), il abandonna le pouvoir, fonda le Rassemblement du peuple français (1947), puis se retira de la vie politique (1953). Revenu au pouvoir en 1958, il a fait approuver par référendum une nouvelle Constitution et est devenu président de la République et de la Communauté (1959). Il a publié des *Mémoires*.
— Le *Petit Larousse*, 1961, p. 1382

Ma vieille et fidèle édition du dictionnaire dont la belle et généreuse devise est « Je sème à tout vent » datant quelque peu, la notice ne pouvait en tout état de cause annoncer la fin de la carrière politique du général, précipitée par les événements de mai 1968 à Paris, et encore moins celle de la vie du général, décédé en sa demeure de Colombey-les-Deux-Églises, petite commune de la Haute-Marne, en 1970. Sa nécrologie dans une édition récente du *Petit Larousse* complète la vie du général (je reprends à partir de l'année 1958) :

[…] Rappelé au pouvoir à la faveur de la crise algérienne (mai 1958), il fait approuver une nouvelle Constitution, qui fonde la Vᵉ République. Président de la République (1959), il met fin, non sans drames (barricades d'Alger en janv.-févr. 1960, putsch des généraux en avr. 1961), à la guerre d'Algérie et renforce l'autorité présidentielle par l'élection du président au suffrage universel (1962). Il mène une

politique de réconciliation avec l'Allemagne (traité franco-allemand, 1963). Réélu en 1965, il développe une politique étrangère d'indépendance nationale (réalisation d'une force nucléaire, retrait de l'OTAN en 1966). Un an après la crise de mai 1968, son projet de régionalisation et de réforme du Sénat étant repoussé par référendum, il démissionne (28 avr. 1969).
— Le *Petit Larousse,* 2000, p. 1354

Que la notice nécrologique passe sous silence l'épisode québécois montre que, du côté français, l'esclandre gaullien fut perçu comme peu flatteur pour le général et plutôt gênant pour la France (souvenez-vous, on s'interrogea même sur l'état de santé mentale du général).

Montréal n'a pas oublié le général. J'en veux pour preuve ces paroles de lui gravées sur une pierre à l'entrée sud du parc La Fontaine, au pied d'un monument, une immense tour de granite effilée vers le haut, bord lisse d'un côté, brut de l'autre, s'élevant dans le ciel pour marquer le centième anniversaire de la naissance du général, en 1990, et le trois-cent-cinquantième anniversaire de la fondation de Montréal, en 1992. L'œuvre d'art, de l'artiste français Olivier Debré, fut inaugurée le 16 juillet 1992 par M. Jacques Chirac, maire de Paris, et M. Jean Drapeau, maire de Montréal :

Soyons fermes, purs et fidèles. Au bout de nos peines il y a la plus grande gloire du monde, celle des hommes qui n'ont pas cédé.
— Charles de Gaulle, Brazzaville, le 14 juillet 1941

S'il fallait un mot pour résumer le général, c'est celui que l'on devine derrière la citation, c'est-à-dire *liberté*. De Gaulle, on l'a dit, était un homme épris d'affranchissement pour les peuples dominés de la terre. Ainsi en revenons-nous au peuple du Québec qui, à l'époque de sa visite, éprouvait un énorme désir d'émancipation, le terme étant suffisamment large pour englober à la fois l'idée d'affirmation au sein de la Confédération canadienne, et celle carrément de séparation. Laquelle des deux visions finira par l'emporter? Entre la sagesse du statu quo et la hardiesse de l'indépendance, les Québécois balancent…

Une trentaine d'années après sa disparition, donc, on ne peut toujours pas dire des paroles du général de Gaulle qu'elles furent prophétiques. René Lévesque lui-même compara le mouvement indépendantiste à une «interminable quête du Graal national»:

> Comme nous, ils [les leaders de la nouvelle génération] se heurteront aux surprises des conjonctures, ils iront tant bien que mal de ratures en reprises. Mais condamnés comme ils le sont à l'invention et au développement permanent, ils seront plus vite plus lucides, plus exigeants aussi, que nous ne le fûmes jamais. Jusqu'à se rendre compte que, pour avoir les coudées vraiment franches, il faut finir par exiger son pays? Qui sait? L'histoire ne se présente pas toujours à la porte où l'on frappe…

Le général en fit peut-être plus que ce à quoi s'attendait son hôte Daniel Johnson, mais ce qu'il fit, il le fit avec préméditation, lui qui confia à un proche dans l'avion qui les ramenait en France : « Je savais que je devais dire quelque chose, mais quoi, quand, où ?... Au bout de cette journée inouïe, il fallait répondre à l'appel de ce peuple. Je n'aurais pas été de Gaulle si je ne l'avais pas fait. »

Paradoxalement, l'Union nationale de Daniel Johnson n'était pas un parti séparatiste, malgré le slogan qu'il s'était donné, « Égalité ou indépendance ». Le Parti libéral de Jean Lesage l'était encore moins, même si son slogan, « Maîtres chez nous », pouvait lui aussi entretenir la confusion. Réagissant à son tour, le chef de l'opposition (Lesage) se lança dans une critique à peine voilée du chef du gouvernement (Johnson) :

> Que se serait-il passé si M. de Gaulle était venu ici alors que les libéraux étaient au pouvoir ? Il aurait été reçu avec la même chaleur, la même joie, mais il n'aurait jamais été induit en erreur sur les véritables objectifs du Québec, c'est-à-dire un statut particulier à l'intérieur du Canada, où nous avons indiscutablement joué de 1960 à 1966 un rôle de premier plan et où nous avons le devoir de faire triompher notre culture, notre langue, notre mode de vie et nos ambitions économiques.

En somme, en appelant de ses vœux l'indépendance du Québec, le général de Gaulle emprunta moins la voie tracée par les libéraux et les unionistes, que celle frayée par le Rassemblement pour l'indépendance nationale de Pierre Bourgault, comme ce dernier le rappellera plus tard : « C'est l'action du RIN et celle d'autres indépendantistes hors du parti qui mena le général de Gaulle à lancer son "Vive le Québec libre!"» Vérité ou récupération *a posteriori*?

Le général est malheureusement mort sans avoir eu le temps de revenir sur son aventure québécoise dans ses mémoires. On ne connaîtra donc jamais sa version des faits, ses raisons profondes. Or il y a quelqu'un qui le connut mieux que quiconque, et qui eut cet échange à propos de la scène du balcon:

> — Mais quand il a crié: «Vive le Québec libre!», n'a-t-il pas agi quand même sur un coup de tête?
> — Non. Cette déclaration était préméditée. Il cherchait depuis longtemps ce qu'il pourrait faire pour les Québécois. Depuis de nombreuses années. Abordant ce sujet, je l'ai entendu plusieurs fois se poser cette question: «Comment pourrais-je être utile aux Québécois? Matériellement, je ne peux pas grand-chose. C'est donc moralement que je peux les conforter, mais de quelle manière?» Il a répondu par cette profession de foi qui a semblé être, c'est vrai, une réaction à chaud, mais qui ne l'était pas.
> — Philippe de Gaulle, *De Gaulle, mon père,* entretien avec Michel Tauriac, 2003, p. 153-154

Pourtant, il s'en est fallu de peu que le général ne s'adresse jamais à la foule, comme le rappelle son fils dans un autre entretien:

> Le maire de Montréal, feu Jean Drapeau, qui voulait éviter des problèmes avec Ottawa, avait demandé, avant que le général n'arrive à l'hôtel de ville, que l'on dévisse

le micro sur pied qui avait été installé en bordure du balcon prolongeant le salon. C'est un technicien de la RTF (Radio télévision française), présent sur place, qui tendit *in extremis* un micro au général, qu'il connecta aux amplificateurs qui surplombaient le balcon. Voilà comment mon père a pu s'écrier : «Vive Montréal! Vive le Québec! Vive le Québec libre! Vive le Canada français et vive la France!»

— Philippe de Gaulle, entretien avec Élias Lévy, «De Gaulle et le Québec : de la "France libre" au "Québec libre!" », *La Presse,* dimanche 4 avril 2004, Lectures, p. 7

Si on s'amusait à imaginer une conversation entre Drapeau et de Gaulle se retrouvant au ciel et se remémorant l'incident du balcon, cela pourrait donner quelque chose comme suit :

— Vous m'avez bien eu, mon général!

— Vous vouliez m'empêcher de prendre la parole, Jean. On ne fait pas ça au général, voyons!

— Je ne savais plus où me mettre après votre déclaration fracassante.

— Que voulez-vous, il y a des moments où il faut que ça sorte.

— Pourquoi n'êtes-vous pas resté le temps de vous expliquer et de calmer les esprits, au lieu de couper court à votre voyage?

— Parce que, si j'ai dit un mot de trop, Ottawa aussi, en traitant mes propos d'inadmissibles. Je n'avais qu'une envie : rentrer à Paris.

— Où vous n'avez pas été accueilli en héros comme à la Libération…

— Ils m'ont traîné dans la boue, imaginez, moi qui les ai libérés !

— Et si c'était à refaire, mon général ?

— Eh bien, je crois que je finirais ma phrase : «Vive le Québec libre… de prendre en main sa destinée.»

— Voilà qui aurait fait moins de vagues dans la mer anglophone.

— Si vous voulez que je vous dise, c'est la clameur de la foule qui m'a coupé la parole.

— Vous n'avez donc pas commis une erreur de jugement, vous avez simplement péché par omission ?

— En quelque sorte.

— Bien. Et si nous allions rendre visite à Daniel, histoire de continuer à parler du bon vieux temps ?

— Volontiers. Ce Johnson m'a toujours été sympathique malgré son nom anglo-saxon. Quelle idée d'avoir pareil patronyme !

Avec mes plus respectueux hommages, mon général. Vous n'avez fait que lire à voix haute dans l'âme québécoise.

VI

Souvent, pour s'amuser, les hommes d'équipage
Prennent des albatros, vastes oiseaux des mers,
Qui suivent, indolents compagnons de voyage,
Le navire glissant sur les gouffres amers.
— Charles Baudelaire, « L'albatros »,
Les fleurs du mal, 1857

LE TIGRE RÔDE

Avec son fidèle compagnon d'armes, son cadet,
Qui son sac, tel un carquois, porte en bandoulière,
Il arpente les allées vertes à l'affût d'oiselets,
Fendant l'air avec ses étincelantes tiges de fer.

Appréciant avec moult précautions la distance
Avant de lancer son projectile dans l'azur,
D'un mouvement vif, puissant et gracieux il s'élance,
Tel un danseur faisant ses pas et ses figures.

Par-dessus herbe longue, fosses de sable et coudés,
Dans les airs il expédie l'objet rond et blanc,
S'empressant, sur le tapis vert, de réparer
L'empreinte laissée par le missile en retombant.

Une fois toute sa blancheur à la balle redonnée,
Avec un petit coup il la fait rouler droit
Vers la coupe où, comme par un aimant attirée,
Elle disparaît avec un bruit qui ne ment pas.

Mais les verts ondulés, tapissés d'agrostide,
Réservent parfois de désagréables surprises,
Et trahissent la confiance quelquefois trop candide
Qu'il leur fait sans se rendre compte de sa méprise.

Altéré de sang le tigre feule, râle et rauque
En parcourant de long en large les vastes terres,
Et, pareils à de lugubres eaux, ses yeux glauques
Inspirent crainte et terreur parmi ses adversaires.

Le tigre affamé rôde au milieu des oiseaux ;
Il a envie d'oiselets, d'aigles ou d'albatros et,
À ses yeux félins, des volatiles le plus beau
Est celui dont les fleurs maladives ont parlé.

Les capuchons jaune orange rayés de bandes noires
Recouvrent d'effrayantes griffes que parfois il sort ;
Prenez garde ! Si vous voulez avoir quelque espoir
D'y échapper, n'éveillez pas le chat qui dort…

~

Les amateurs de golf auront peut-être deviné avant les autres lecteurs quelle personnalité se cache derrière ces vers : Tiger Woods, bien sûr ! Mais que l'on soit golfeur ou non, tout le monde a entendu parler du Tigre. J'ai eu l'occasion de le voir à l'œuvre en personne lors de l'Omnium canadien disputé au club de golf Royal Montréal sur l'île Bizard en septembre 2001. Champion en titre après son triomphe *in extremis* sur le parcours de Glen Abbey à Toronto en 2000 (grâce à une incroyable sortie de sable au 18e trou, un coup de 200 verges par-dessus un plan d'eau à l'aide d'un fer 6), il n'a malheureusement pas réussi à défendre sa couronne à Montréal. Adepte de ce sport, je me risquerai à dire que le golf, qui est une recherche permanente de la perfection, s'apparente en ce sens à la poésie, que le maître du symbolisme, Stéphane Mallarmé, a décrit comme une « quête de l'inaccessible ». La perfection, au golf, consisterait à signer une carte de 18 sous la normale – exploit jamais réalisé, mais appartenant au domaine du possible. (Moins 18, c'est 18 oiselets consécutifs, ou toute combinaison de trous d'un coup, d'albatros, d'aigles, d'oiselets, de normales, de bogueys, etc. équivalant à retrancher 18 coups à la normale du parcours.) Si j'ai bonne mémoire, la ronde la plus basse jamais enregistrée en compétition est 59, soit -13 sur un parcours à normale 72, plusieurs joueurs se partageant cet honneur. Quand j'étais jeune, je rêvais de devenir golfeur professionnel, mais mon ambition est restée à l'état de velléité. Le seul et unique exploit dont je puisse m'enorgueillir est d'avoir réussi un trou d'un coup sur une normale trois d'environ 150 verges, alors que j'étais encore adolescent. Depuis, plus rien. Il faut croire que la chance ne sourit jamais deux fois à la même personne, comme la foudre ne tombe jamais deux fois à la même place.

PETIT LEXIQUE DU GOLF POUR NON-INITIÉS

normale nombre de coups réglementaires pour un trou (3, 4 ou 5 selon la longueur) ou pour un parcours de 18 trous (généralement 72); de l'anglais *par*

oiselet un coup de moins que la normale du trou (ex.: 2 sur un trou à normale 3); de l'anglais *birdie*

aigle deux coups de moins que la normale du trou (ex.: 3 sur un trou à normale 5); de l'anglais *eagle*

albatros trois coups de moins que la normale du trou (ex.: 2 sur un trou à normale 5); plus rarissime encore qu'un trou d'un coup; de l'anglais *albatross*

boguey un coup de plus que la normale du trou (ex.: 5 sur un trou à normale 4); de l'anglais *bogey*

Au moment d'écrire ces lignes, j'apprends dans *La Presse* de ce lundi 24 mars 2003 que Tiger Woods vient de remporter par une marge victorieuse record (11 coups d'avance sur ses plus proches poursuivants – il y avait quadruple égalité au deuxième rang) et pour la quatrième année consécutive (ce qui égale une marque vieille de 73 ans) le tournoi Invitation Bay Hill tenu à Orlando en Floride. Il faut voir dans quelles circonstances le Tigre a confirmé sa victoire. Détenant une priorité de cinq coups à l'issue de la troisième journée, il a pris le départ dimanche malgré le fait qu'il souffrait d'un empoisonnement alimentaire qui, à plusieurs reprises, l'a obligé à se mettre à l'écart des spectateurs et des caméras pour «rendre aux Italiens ce qui leur appartient!» (Il avait mangé un plat de pâtes préparé par son amie de cœur, la ravissante scandinave Elin Nordegren.) Non seulement a-t-il stoïquement terminé cette quatrième et dernière ronde sous une pluie floridienne parfois battante, mais il a trouvé le moyen de creuser l'écart qui le séparait des autres, ramenant une carte de 68, soit quatre coups sous la normale, sans le moindre boguey qui plus est. Il faut le faire! Et n'oublions pas non plus que le Tigre se remet à peine d'une intervention chirurgicale au genou, qui l'a tenu à l'écart du jeu pendant deux mois, dont les six premières semaines de la saison.

Ils étaient sûrement plus d'un *snowbird* montréalais à assister au tournoi d'Orlando, vu le nombre de Québécois qui passent l'hiver en Floride et qui aiment frapper la petite balle blanche. Je crois parler au nom de tous les amateurs de golf de Montréal et du Québec en disant que l'on souhaite vivement revoir le Tigre dans la Belle Province pour une prochaine tenue de l'Omnium canadien sur le parcours, espérons-le, de l'île Bizard, parcours qui lui a donné du fil à retordre chaque fois qu'il s'y est mesuré. Le Tigre devrait donc avoir hâte de prendre sa revanche, lui qui n'a pas l'habitude de reculer devant les défis. Autant que je m'en souvienne, c'est sur ce même parcours, en 1999, que le Tigre a été victime du couperet pour la seule et unique fois de sa carrière, ne réussissant pas à se qualifier pour les deux dernières rondes de samedi et de dimanche, lui qui joue professionnellement depuis 1996 !

Et s'il fallait une raison de plus pour convaincre le Tigre de revenir chez nous afin d'essayer de remettre la main sur notre coupe nationale, je lui rappellerais que le « roi du golf », Arnold Palmer, a signé sa première victoire comme professionnel à l'Omnium canadien tenu au Weston Country Club de Toronto en 1955. « On se rappelle chacune de nos victoires, mais la première occupe toujours une place très spéciale », a raconté Palmer en revenant au Weston dans le cadre du 25e anniversaire de son triomphe. « Ma victoire à l'Omnium canadien m'a procuré une énorme confiance au début de ma carrière. Ce fut une semaine mémorable à Toronto[10]. » Si notre omnium national a de l'importance aux yeux d'Arnold Palmer (il s'agit, après tout, du troisième tournoi national le plus ancien au monde, après ceux des États-Unis [1895] et de la Grande-Bretagne [1860]), il devrait en avoir aussi aux yeux du Tigre qui, comme on le sait, est un grand admirateur d'Arnie. D'ailleurs, le propriétaire du parcours Bay Hill et l'hôte du tournoi sur invitation est nul autre que monsieur Palmer lui-même. Les quatre victoires consécutives remportées par le Tigre à ce tournoi ne sont-elles pas la meilleure preuve de l'admiration qu'il voue au roi du golf ?

---

10. Rick Young, « Simplement Arnold », *Golf International,* vol. 12, n° 1, avril 2003, p. 12.

En inscrivant son nom sur la coupe de notre omnium national en 2000, le Tigre a marché sur les traces de son légendaire prédécesseur. Mais il ne peut en rester là, l'élève doit dépasser le maître! Étranger de passage à Montréal une première puis une seconde fois, le Tigre est attendu de nouveau. Jamais deux sans trois!

VII

Et je continue à penser que, comme véhicule de la langue, des émotions pures – l'angoisse, la joie, les idées, les rythmes –, la chanson reste la meilleure idée de la planète.
— Robert Charlebois, propos recueillis par Sylvie Halpern, « Revenir aux sources », *Sélection du Reader's Digest*, juin 2002, p. 90

COMME UNE PIERRE QUI ROULE
Hommage à Bob Dylan[11]

Dans le temps tu portais de beaux vêtements
Tu jetais de l'argent aux mendiants, n'est-ce pas?
Les gens disaient, « Faut t'méfier poupée, tu vas tomber »
Tu pensais qu'ils se foutaient tous de toi
Tu te moquais
De tous ceux qui traînaient
Maintenant tu parles moins fort qu'hier
Maintenant tu n'as pas l'air si fière
De n'avoir rien à te mettre sous la dent

Comment on se sent
Comment on se sent
Quand on est sans maison
Comme une personne sans nom
Comme une pierre qui roule?

---

11. J'ai voulu saluer le génie de Dylan à ma façon, non pas en lui dédiant un poème de mon cru, mais en traduisant le premier couplet et refrain de la chanson la plus célèbre de son répertoire, voire de l'histoire de la musique rock, *Like a Rolling Stone* (1965). Le portrait représente Dylan à l'époque où il enregistrait son « tube ».

LIKE A ROLLING STONE

Once upon a time you dressed so fine
You threw the bums a dime in your prime, didn't you?
People'd call, say, "Beware doll, you're bound to fall"
You thought they were all kiddin' you
You used to laugh about
Everybody that was hangin' out
Now you don't talk so loud
Now you don't seem so proud
About having to be scrounging your next meal.

How does it feel
How does it feel
To be without a home
Like a complete unknown
Like a rolling stone?

~

Pas la peine de vous lever, messieurs, je ne fais que… passer.

— Bob Dylan, « Things Have Changed », *The Essential Bob Dylan*, 2000

Bob Dylan et ses musiciens étaient de passage à Montréal le lundi 12 août 2002 pour s'y produire au Centre Molson (depuis rebaptisé Centre Bell). Bon an, mal an, Dylan donne une centaine de concerts dans ce qu'il a convenu d'appeler sa « tournée sans fin ». Voici le compte rendu qu'a fait de son spectacle un critique musical (avec quelques commentaires de ma part ajoutés en italique entre crochets) :

Sous un Stetson aussi noir que son complet, le cow-boy de la pop a dégainé 18 chansons en deux heures devant un parterre de 8 000 fans [*dont j'étais*] – ceux de la première heure [*dont je fais partie*] comme les plus jeunes. Quatre décennies de chansons […] [*Eh oui, 40 ans déjà depuis la sortie de son premier disque éponyme en 1962.*]

[…] Dès la deuxième chanson (*Just Like Tom Thumb's Blues*), l'auditoire se mettait à son aise, allumait son petit joint [*Je confirme, mais je n'ai pas avalé la fumée!*] pour se replonger dans l'atmosphère de guitares électriques et acoustiques qui se pointait.

[…] à 61 ans, Bob Dylan n'a visiblement pas tout dit, ne serait-ce que pour redire la musique qui l'a nourri dans sa jeunesse [*non pas éternelle, quoi qu'en dise sa chanson* Forever Young] et pour croasser [*la métaphore du corbeau colle assez bien à la réalité*] la fine poésie qu'il nous pond encore à son âge de rock star honorable. […]

Il égrène péniblement ses solos de guitare et cause bruyamment plus qu'il ne chante. Mais tant qu'il sera vivant [*tant qu'il ne frappera pas à la porte du paradis comme dans sa chanson* Knockin' on Heaven's Door], nous irons revoir Bob Dylan pour y passer une aussi belle soirée que celle d'hier. [*Je l'avais déjà revu en novembre 2001 à New York, alors que les ruines du World Trade Center fumaient encore.*]
— Philippe Renaud, «Bob Dylan: 40 ans en deux heures», *La Presse,* mardi 13 août 2002, p. C3

Que dire de Bob Dylan, sinon qu'il est probablement l'auteur-compositeur-interprète de langue anglaise le plus inspiré de sa génération. Dans une biographie non autorisée mais néanmoins magistrale sortie en librairie récemment, j'ai pu comprendre enfin la provenance du génie créateur de Dylan:

Les chansons existent déjà. Elles n'attendent que d'être découvertes. Je ne fais que les coucher sur le papier. Si je ne le faisais pas, quelqu'un d'autre le ferait à ma place.
— Bob Dylan, dans Howard Sounes, *Down the Highway: The Life of Bob Dylan,* 2001, p. 122

Cet aveu sorti de la bouche même de Dylan, où il dit n'être qu'un instrument de l'inspiration divine, me rappelle les propos similaires de l'un de mes scientifiques préférés:

Mais alors, le monde n'est-il poétique que parce que l'homme s'exprime dans un langage, c'est-à-dire des symboles, quels qu'ils soient? Ou bien son cerveau est-il fait de telle façon, ses réseaux neuronaux ont-ils une telle structure, qu'il ne peut trouver, en dehors de lui, que ce qu'il possède déjà en lui? Mais ce qu'il possède en lui n'épouse-t-il pas la forme et l'«harmonie» (?) de l'univers dans lequel il est plongé?

— Henri Laborit, *Dieu ne joue pas aux dés*, 1987, p. 34

Je crois, en effet, que cette faculté qu'ont certaines personnes de s'abreuver aux sources universelles de l'inspiration est ce qui distingue les génies du commun des mortels. Pour revenir à la littérature de langue française, quand on songe qu'il a produit sa fabuleuse œuvre entre les âges de 16 et 19 ans, il est clair que, pour ne citer qu'un seul nom, Rimbaud fut un véritable prodige de la poésie. S'interrogeant sur le génie créateur de l'adolescent voire de l'enfant Rimbaud, un grand écrivain français a écrit ceci:

Est-il donc si téméraire de penser que c'est une volonté supérieure qui le suscite? dans la main de qui nous sommes tous: muette et qui a choisi de se taire. Est-ce un fait commun que de voir un enfant de seize ans doué des facultés d'expression d'un homme de génie?

— Paul Claudel, «Préface», *Œuvres de Arthur Rimbaud*, 1945, p. 8

Chacun a son préféré parmi les poètes français du plus grand des siècles littéraires, le XIXᵉ. J'ai un faible pour Baudelaire parce que c'est en feuilletant ses *Fleurs du mal*, trouvées par hasard chez moi, que j'ai renoué avec la beauté incomparable de la grande

poésie, et c'est ce renouement qui m'a donné à penser
que je pouvais exprimer mon bonheur de retrouver
Montréal, ma ville natale, en partie à travers la poésie.
Pour d'autres, comme ce poète-chanteur-professeur-
animateur de radio Montréalais, c'est Rimbaud.
Il s'exprime à ce sujet dans un article rédigé à
l'occasion du centenaire de la mort de l'auteur du
Bateau ivre:

> Et il nous aura laissé, à son insu, le plus grand texte
> poétique de tous les temps : les *Illuminations*. [...]
> Arthur Rimbaud n'est pas de son siècle comme le sont
> Baudelaire et Verlaine. Il est toujours plus loin, ailleurs.
> Les *Illuminations* en sont la meilleure *illustration*.
> Rimbaud annoncera toujours le siècle prochain.

Il a réussi une irréversible «déversification» de la poésie. Il ne fait jamais de littérature : il invente la poésie. — Lucien Francœur, «Dans le drame rimbaldien, la poésie sort gagnante», *La Presse,* dimanche 10 novembre 1991, p. C1 et C2

Ainsi Dylan, et Rimbaud avant lui, n'ont pu faire autrement que de suivre leur destin. Si Dylan a persisté envers et contre tous (surtout ses parents, qui voyaient d'un mauvais œil son penchant artistique), Rimbaud, lui, a tourné définitivement le dos à la poésie au bout de trois ans, menant, de 20 ans jusqu'à sa mort, une vie d'aventurier. L'un s'est soumis pour toujours à sa voix intérieure comme à une bénédiction divine, l'autre y a succombé un temps comme à une malédiction infernale. Peut-être, en cherchant bien, trouverions-nous quelque influence rimbaldienne chez Dylan, qui avait lu son prédécesseur français.

Mais ça, c'est une affaire pour plus expert que moi.

VIII

Si un auteur pouvait avoir quelque droit d'influer sur la disposition d'esprit des lecteurs qui ouvrent son livre, l'auteur des *Contemplations* se bornerait à dire ceci : Ce livre doit être lu comme on lirait le livre d'un mort.
— Victor Hugo, « Préface », *Les contemplations*, 1856

LE CONTEMPLATEUR
À Philippe Noiret

Hugo en deuil n'a-t-il songé
Que sa fille aînée à Villequier
Par le Tout-Puissant fut enlevée
Pour le sublime lui inspirer ?

Que son enfant fut sacrifiée
Sur l'autel de la Muse sacrée
Pour que soit faite la volonté
Du Seigneur épris de beauté ?

Que s'il ne se fut lamenté
Sur cet enlèvement insensé
Il n'eût peut-être contemplé
Le Maître de la destinée ?

Que la vie est ainsi menée
Du berceau au repos dernier
Sans qu'il ne nous soit révélé
Si malheur viendra l'abréger ?

Qu'où Léopoldine est montée
Une voix par Dieu serait créée
Une voix d'or emplie de pitié
Pour sa mort en vers déclamer ?

Et que de la Ville éclairée
Jusqu'à sa jumelle éloignée
Sur le vaste fleuve sanctifié
Son souvenir fût ressuscité ?

∼

Le grand Philippe Noiret à Montréal, sur les planches du Monument-National, pour lire des extraits des *Contemplations* de Victor Hugo, quel événement ! Dès que j'ai appris la nouvelle de son spectacle solo dans *La Presse* du jeudi 19 juin 2003, je me suis déplacé en personne afin de me procurer un billet pour une des quatre représentations du 11 au 14 septembre. (J'écris ces lignes le lundi 8 septembre 2003, à quatre jours de la représentation à laquelle je dois assister, soit celle du vendredi 12. Je me suis dit que je laisserais à monsieur Noiret le temps de se mettre en train le soir de la première!) La gentille demoiselle derrière le guichet de la billetterie du Monument-National n'a pu me donner qu'une place dans la cinquième rangée du parterre, près de l'allée (rangée E, siège 16). Les meilleures étaient déjà toutes prises, pauvre de moi qui me voyais devant la scène. Dommage. En tout cas, l'envol des billets avait de quoi dissiper tout doute quant à l'accueil que le public montréalais réserverait au spectacle de monsieur Noiret[12].

Qu'est-ce qui nous vaut cet honneur? Un heureux concours de circonstances. D'abord monté à Paris, à la Comédie des Champs-Élysées, au printemps 2002, pour souligner le bicentenaire de la naissance de Victor Hugo, surnommé le Titan en raison de son œuvre gigantesque, ce spectacle, Philippe Noiret rêvait de le faire depuis 50 ans. C'est lors d'un tournage au Québec à l'automne 2002 (*Père et fils*) que des producteurs québécois lui ont proposé de venir le présenter à Montréal. Il sera donc chez nous à double titre, comme acteur pour la sortie de son nouveau film, et comme comédien pour son spectacle *Les contemplations*. Si j'ai bonne mémoire, j'ai vu Noiret pour la première fois à l'écran dans un

---

12. Pour vous dire à quel point il est aimé ici, on a dû ajouter une semaine de représentations supplémentaires.

film qui fit scandale, *La grande bouffe.* Ce devait être au début des années 1970[13].

En prévision de cette soirée littéraire, j'ai fait un détour par ma bibliothèque municipale pour y emprunter un exemplaire des *Contemplations,* dont on dit qu'il s'agit de la plus belle œuvre lyrique du grand poète. C'est en quelque sorte sa vie en deux temps que Victor Hugo y raconte, avec une première partie consacrée à sa jeunesse, où il chante la joie de vivre, d'être père, puis une seconde dédiée non pas à la vieillesse – il n'avait qu'une cinquantaine d'années en 1856 – mais à l'après-tragédie du 4 septembre 1843, journée funeste où sa fille aînée Léopoldine périt noyée dans les eaux de la Seine à Villequier, avec son tout jeune époux Charles Vacquerie, lors d'une promenade en barque. Cette disparition porta un tel coup au cœur du poète qu'il fut, de son propre aveu, comme mort. Ainsi, plein d'allégresse donc dans la première partie, le recueil s'assombrit dans la seconde jusqu'à la réconciliation finale avec Dieu, le maître de nos destinées. La tragédie a conduit le poète à une longue réflexion philosophique sur le sens de la vie, réflexion au terme de laquelle, dans *À Villequier,* il se résigne à la volonté de Dieu et se console à l'idée que la mort mène à la vie éternelle et aux retrouvailles avec les êtres disparus :

---

13. Vérification faite, c'était en 1973. Ma mémoire n'est encore pas trop défaillante !

Je dis que le tombeau qui sur les morts se ferme
                Ouvre le firmament;
Et que ce qu'ici-bas nous prenons pour le terme
                Est le commencement;

Je conviens à genoux que vous seul, père auguste,
                Possédez l'infini, le réel, l'absolu;
Je conviens qu'il est bon, je conviens qu'il est juste
Que mon cœur ait saigné, puisque Dieu l'a voulu!

Je ne résiste plus à tout ce qui m'arrive
                Par votre volonté.
L'âme de deuils en deuils, l'homme de rive en rive,
                Roule à l'éternité.

À la lecture des 158 poèmes qui composent *les Contemplations,* je n'ai pu m'empêcher de me mettre à la place de Philippe Noiret et de me demander quels choix il ferait pour son récital. Allait-il privilégier les joyeux poèmes de la première partie, *Autrefois,* ou les tristes vers de la seconde, *Aujourd'hui?* Quand on connaît la magnifique voix grave de monsieur Noiret, on se dit qu'elle est faite pour réciter des vers emplis de tristesse et de mélancolie. J'ai donc pensé qu'il la prêterait plus volontiers à la lecture d'extraits de la seconde partie des *Contemplations…*

Surprise! De retour chez moi après le spectacle, j'ai fait un effort de mémoire pour me rappeler les poèmes que Noiret avait déclamés, avec une compréhension empathique de leur contenu, lui qui, comme Hugo, est père d'une fille. J'en ai compté une vingtaine, à peu près équitablement partagés entre *Autrefois* et *Aujourd'hui.* La balance n'a donc pas penché en faveur du présent tragique au détriment du passé heureux.

On peut s'interroger sur cet engouement pour les soirées littéraires, ici comme en France. Personnellement, cela me réconforte, moi qui suis d'avis que les gens auront toujours soif de belle poésie. Eh bien, Philippe Noiret abonde dans le même sens, comme en témoignent ces propos confiés à une journaliste qui lui demandait comment il s'expliquait le retour au goût du jour des lectures publiques:

Je crois que les gens ressentent le besoin de se replonger et de réécouter une belle langue, de passer un moment avec de grands auteurs, si ce n'est des génies. [...] Ils ont envie de se laver un peu de la médiocrité et de la vulgarité contemporaine qui atteint quand même des sommets.

— Philippe Noiret, propos recueillis par Chantal Guy, « Les contemplations de Philippe Noiret », *La Presse,* dimanche 14 septembre 2003, p. E8

Qu'a dit la critique sur la première du spectacle de Philippe Noiret ? Plutôt que de répondre à cette question, pourquoi ne vous parlerais-je pas du spectacle du lendemain soir, celui auquel j'étais présent. Si j'étais chroniqueur, voici ce que j'aurais écrit sur la prestation de monsieur Noiret :

La salle remplie à craquer murmure d'anticipation. Puis voilà qu'entre en scène le grand acteur-comédien à l'allure de patriarche hugolien. Avant même que Noiret puisse ouvrir la bouche, la salle tout entière se lève pour l'ovationner. Visiblement ému, il se met à raconter une blague pour interrompre les applaudissements. Le décor minimaliste (deux chaises placées de part et d'autre de la scène) attire l'attention droit sur le lecteur public. S'éloignant vers le fond de la scène, le dos tourné à la salle, tenant un cahier dans ses mains, il se retourne et prononce un simple mot, *Préface.* Il la lit gravement, en accentuant sa voix là où Hugo explique que la destinée est une, que sa vie est la nôtre, et la nôtre la sienne. Noiret marque une longue pause avant chaque poème, les yeux baissés sur le texte, comme pour mieux s'en imprégner. Il lit et/ou récite comme cela une vingtaine de poèmes, lentement, sans se presser, n'y allant que de rares explications au début ou à la fin. Après *À Villequier,* avant-dernier poème du récital, la salle explose en acclamations, croyant à tort la soirée terminée. Mais non, il reste l'inoubliable *À celle qui est restée en France,* poème encore plus long et plus pathétique où Hugo, dans l'impossibilité de se recueillir sur la tombe de sa fille à cause de son exil à Jersey, lui dédie avec émotion ses *Contemplations.* Extinction des feux. Nouvelles acclamations à n'en plus finir. Noiret fait mine de quitter la scène une bonne demi-douzaine de fois. C'est la consécration à Montréal après le triomphe à Paris !

Étrangers de passage à Montréal, à bientôt, j'espère. Parmi vous, seul le général a fait son dernier voyage[14]...

---

14. Cette dernière phrase n'est tristement plus vraie. Aujourd'hui jeudi 23 novembre 2006 est décédé Philippe Noiret à l'âge de 76 ans. Il y a des corrections, hélas, qu'on préférerait ne jamais apporter.

LE RYTHME DES SAISONS

IX

Elle se glissa dans cette première grande journée de printemps le cœur léger, la tête haute, le buste bien droit et le sourire conquérant. Elle resta quelques secondes sur le pas de la porte à respirer à pleins poumons les odeurs du printemps qui s'installe dans une grande ville : le lilas pour une fois précoce à cause de la chaleur exceptionnelle de la température, le muguet qui envahissait depuis quelques jours les parterres où pouvaient se lire les derniers dégâts de l'hiver, le froid, même, toujours présent au fond de l'air doux, qui devient senteur au mois de mai avant de disparaître définitivement.

— Michel Tremblay, *La grosse femme d'à côté est enceinte*, 1978, p. 61

LE PRINTEMPS TARDE

Montréal a encore des airs d'hiver
les premières tiédeurs printanières
ne sont restées que le temps de laisser
une caresse de douceur en souvenir

Comme l'hiver est long à mourir
et le printemps lent à fleurir

Montréal a toujours des airs d'hiver
les dernières tiédeurs printanières
ne sont restées que le temps de laisser
une promesse de douceur à venir

Comme l'hiver est long à mourir
et le printemps lent à fleurir

~

Commençons par le commencement, par la première des quatre saisons, le printemps. Les dénigreurs de notre climat nordique ont-ils seulement songé que ce n'est qu'au sortir d'un long et dur hiver que se savourent pleinement les délices du renouveau printanier? Et si notre printemps se laisse attendre, il sait se faire pardonner sa tardiveté en arrivant dans une splendeur quasi estivale, le plus souvent durant la première quinzaine de mai. Un célèbre écrivain anglais du XIXe siècle, visitant les environs de Montréal où il avait débarqué le onzième jour de mai, ne manqua pas de consigner, dans son journal de voyage, une observation sur cet épanouissement vertigineux de la nature:

> Tous nos déplacements dans les alentours de la ville furent agrémentés par l'éclosion du printemps, qui est ici si rapide, que l'on passe des rigueurs de l'hiver aux splendeurs de l'été en un seul jour.
> — Charles Dickens, *American Notes for General Circulation*, 1842, p. 265

Bien avant de dire son tardif mea-culpa, le printemps, comme pour nous faire mieux patienter, se montre le bout du nez. Dès la fin mars ou le début avril Montréal jouit de belles journées, qui disparaissent hélas aussi vite qu'elles sont venues, le froid n'étant que trop pressé de reprendre ses droits. Cette partie de cache-cache peut se jouer plusieurs fois. Une journée de beau temps – pas plus qu'une hirondelle – ne fait le printemps :

> Montréal est la ville aux quatre saisons. Franches. Chacune ayant son propre éclairage. C'est dans sa lumière qu'on reconnaît la candeur spécifique d'une ville. Et Montréal est la seule ville au monde où on sait quand le printemps arrive. À une terrasse, fin mars. Près d'un drink. Et il arrive qu'il ne reste pas plus longtemps que le vin blanc froid dans la coupe. S'il repart aussitôt, c'est pour aller chercher l'été. Il tarde alors à revenir.
> — Jean-Paul Daoust, « Montréal a les yeux gris », *Montréal des écrivains*, 1988

Chacun a sa saison préférée, et ses raisons de l'aimer. La mienne est le printemps. Amateur de golf, vous le savez, je n'ai qu'une hâte après les longs mois d'hiver, celle que revienne le soleil et que reverdissent les allées. Je devais avoir onze ou douze printemps quand j'ai été initié à ce sport. Mais le printemps n'est pas la saison préférée de tout le monde, et on peut aussi avoir ses raisons de ne pas l'aimer :

> Paul avait pensé un moment que l'hiver ne finirait jamais, mais enfin il était parti, et maintenant cette

saison intermédiaire, connue au Québec sous le nom de printemps, battait son plein. [...] Le printemps, selon Paul, n'était pas une belle saison. C'était à cette époque de l'année qu'on avait décidé de crucifier le Christ. [...] Il essayait de penser à l'automne, car c'était là sa saison préférée.

— Hugh MacLennan, *Deux solitudes*, 1978, p. 95 [© *Two Solitudes*, 1945]

L'auteur de ce classique de la littérature canadienne n'explique pas pourquoi Paul, fils cadet d'Athanase Tallard et de Kathleen Connors, Montréalaise d'origine irlandaise épousée en secondes noces, est un homme d'automne. Hasardons une explication : c'est peut-être que la gaieté et la légèreté printanières ne sont pas en harmonie avec l'état d'âme de Paul, être tourmenté concentrant en lui-même les deux solitudes canadienne-française et canadienne-anglaise. Étant issu d'un mariage mixte, dès le printemps de sa vie il se sent un être à part. À cause de son double héritage, il n'est ni tout à fait français ni tout à fait anglais, comme l'automne n'est plus l'été et pas encore l'hiver :

[...] la ville l'emprisonnait comme si elle avait été faite pour refléter sa propre solitude. Ce n'était pas la première fois qu'il ressentait cet état d'âme. Toute sa vie, il l'avait connu et aujourd'hui il le ressentait à nouveau telle une affection périodique. [...] Il se demanda si Heather avait jamais éprouvé ce qu'il ressentait lui-même en ce moment. Deux solitudes au sein de l'infini désert de solitude qui existait sous le soleil. (p. 530)

Si le riant printemps ne convient pas à l'être solitaire, c'est peut-être aussi que la vue de tous ces gens sortant de leurs antres hivernales ne fait que lui rappeler son inadaptation sociale. Il faut être bien dans sa peau pour jouir du retour du beau temps. À chacun sa saison selon son humeur.

Pour certaines personnes, avoir à se découvrir après les interminables mois d'hiver où elles étaient couvertes chaudement de la tête aux pieds est une épreuve intimidante, même pour celles qui pourtant apprécient la saison vernale. J'en fais partie. Après avoir été si longtemps emmitouflés, on peut se sentir gênés d'affronter de nouveau le regard des autres se posant sur nous tels que nous sommes, et non plus tels que nous étions, dissimulés derrière notre déguisement hivernal. On se sent nus, non pas comme un ver, mais assez néanmoins pour avoir l'impression – fausse, bien entendu, à moins d'en avoir enlevé un peu trop! – d'attirer la vue. Il faut un certain temps, je trouve, pour surmonter sa timidité et se sentir à l'aise dans sa nouvelle tenue – comment dirais-je? – printanière.

De là m'est venue l'idée d'un petit poème en quatre temps décrivant le degré d'habillement (ou de déshabillement) des Montréalaises en fonction des saisons. Ne voyez pas de machisme, chère lectrice, si je présente le point de vue d'un homme. Je pouvais difficilement faire autrement. Le temps du printemps sera suivi d'une réflexion sur la perception qu'ont les hommes de la beauté féminine (réflexion qui se poursuivra au temps de l'été, comme les femmes, ayant commencé à se découvrir au printemps, continuent de le faire à la belle saison)[15] :

LES MONTRÉALAISES EN SAISON

Quand la nature au printemps s'éveille
Et que neige et glace fondent au soleil,
Pour accueillir l'astre du jour boréal
Que font les jolies femmes de Montréal ?

Elles se découvrent d'un fil
Avant qu'au mois de mai passe avril.

(à suivre)

Bien vaste thème que celui de la femme. Je me suis plu à imaginer ce que je répondrais si on me demandait, à moi, homme « normalement constitué », ce que je trouve de plus beau au monde. Eh bien, comme je désespérais qu'on me pose un jour la question, je me la suis posée à moi-même, en y apportant cette réponse : « Le spectacle d'une belle femme. » La beauté féminine est une bénédiction du ciel qui mérite d'être appréciée sans jamais que l'on s'en lasse. Je n'ai pas grand mérite à le dire, d'autres l'ont fait bien avant moi :

Un beau visage est le plus beau de tous les spectacles.
— Jean de La Bruyère, « Des femmes », *Les caractères*, 1688

15. À bien y réfléchir, mieux vaut que la discussion ne déborde pas sur le chapitre suivant, pour éviter de compliquer inutilement les choses.

À quoi je m'empresse d'ajouter que le concept de beauté est tout ce qu'il y a de plus relatif aux yeux des êtres humains que nous sommes. Les Anglais l'ont bien compris, eux qui ont forgé cette admirable phrase : *Beauty is in the eye of the beholder,* que mon fidèle dictionnaire *Robert & Collins* traduit joliment par « il n'y a pas de laides amours[16] ». Heureusement, sinon comment notre pauvre race se perpétuerait-elle ?

Pour mettre un autre bémol, les Anglais ne disent-ils pas aussi : *Beauty is only skin deep,* « la beauté n'est pas tout[17] » ? Abondant dans le même sens, c'est-à-dire dénonçant la superficialité des belles apparences, voici quelques citations d'autres grands noms de la littérature française qui se sont penchés sur la beauté féminine, à commencer par le roi (même s'il n'était que duc !) de la maxime :

> Il y a peu de femmes dont le mérite dure plus que la beauté.

> Il ne sert à rien d'être jeune sans être belle, ni belle sans être jeune.
> — François de La Rochefoucauld, *Réflexions ou sentences et maximes morales,* 1665

---

16. C'est la première fois que je rencontre cette traduction. Ma culture étant ce qu'elle est, je me demande s'il s'agit d'un proverbe français ou simplement d'une traduction *ad hoc*. Y a-t-il quelqu'un qui saurait éclairer ma lanterne ?
17. Même interrogation que pour « il n'y a pas de laides amours ».

Si cela peut vous consoler, mesdames, le duc de La Rochefoucauld n'était pas misogyne mais misanthrope, comme le personnage de Molière. Je me souviens d'un professeur de français au collège Stanislas qui nous avait demandés de «faire notre La Rochefoucauld» et d'imaginer ce que le célèbre auteur avait écrit sur la vanité. C'était mettre la charrue devant les bœufs, car je suis convaincu que les trois quarts des élèves (y compris votre serviteur) étaient incapables de donner ne serait-ce qu'une définition du concept! Autant vous dire que je n'ai pas dû briller avec ma maxime, si tant est qu'il m'en soit venu une. Et La Rochefoucauld (le vrai), que lui inspira la vanité? Je m'incline devant ses deux trouvailles:

Quelque bien qu'on nous dise de nous, on ne nous apprend rien de nouveau.

Ce qui nous rend la vanité des autres insupportable, c'est qu'elle blesse la nôtre.

Esclave de la raison, la grande voix du Siècle des lumières, François-Marie Arouet, dit Voltaire, tient des propos sur la beauté féminine qui rejoignent assez ceux exprimés par le duc près d'un siècle plus tôt:

La beauté plaît aux yeux, la douceur charme l'âme.
— Voltaire, *Nanine,* 1749

Et un peu plus près de nous, cette délicieuse phrase de l'auteur (Henri Beyle de son vrai nom) du *Rouge et le noir* :

> La beauté n'est que la promesse du bonheur.
> — Stendhal, « De la naissance de l'amour »,
> *De l'amour*, 1822

Suggérer en si peu de mots ce qui demanderait une thèse à expliquer, quel tour de force ! Presque rien n'est dit, presque tout y est. S'il fallait que je me risque à une maxime sur la beauté et l'amour, je dirais peut-être : *La beauté de l'amour dépasse l'amour de la beauté.* Ou encore : *La beauté attire l'amour, l'amour étire la beauté.* L'erreur à ne pas commettre, c'est de considérer que l'une (la beauté extérieure) est le gage de l'autre (la beauté intérieure). Là réside, à mon sens, un grave danger, car les belles apparences peuvent être trompeuses et nous rendre aveugles sur les défauts cachés. Cette dure leçon, je l'ai apprise à mes dépens lorsque m'a trahi, jadis, la femme aimée de la rue Hutchison. Par bonheur, j'ai découvert, depuis, qu'il existe des femmes dont la beauté n'empêche pas la gentillesse, et je voudrais dédier *Les Montréalaises en saison* à toutes celles qui en sont l'incarnation.

Après le printemps, l'été.

X

La chaleur verticale coulait comme du plomb fondu sur les champs immobiles et sur toute la campagne environnante. [...] Une lassitude immense dominait la terre.
— Claude-Henri Grignon, *Un homme et son péché*, 1972, p. 19 [© 1933]

LES GRANDES CHALEURS

Quand
le fluide mercuriel s'élève
sous le soleil de plomb
et que
l'astre embrase la terre
de son feu métallique...

Quand
les intérieurs dégoulinent
sur les trottoirs
et que
les chaussées noirâtres
immortalisent les pas...

Quand
le vent épuisé de touffeur
s'essouffle sur la ville
et que
la nébuleuse industrielle
envahit le ciel...

Quand
les perles d'eau fines
se suspendent à l'invisible
et que
les longues nuits s'étirent
dans une moite lenteur…

Montréal regrette l'hiver.

Située assez loin à l'intérieur des terres pour ne pas subir l'influence tempérante de l'océan, Montréal est soumise à un climat de type continental caractérisé par de grands écarts de température. Autant il peut faire froid l'hiver, autant il peut faire chaud l'été. Les écarts sont tels qu'au plus fort de la saison estivale il nous arrive de regretter l'hiver, et vice-versa. C'est le monde à l'envers ! Serge Chapleau de *La Presse* a bien dépeint cette ambivalence des Québécois face aux excès de leur climat dans sa caricature du 26 juin 2003. On y voit un personnage habillé en saison (tenue légère l'été, emmitouflé l'hiver, etc.) se plaindre continuellement du temps :

ÉTÉ	AUTOMNE	HIVER	PRINTEMPS
Maudit	Maudit	Maudit	Maudit
qu'y fait	que l'été	qu'y fait	que l'hiver
chaud !	est court !	frette !	est long !

C'est vrai qu'on trouve toujours quelque chose à redire au climat. Ce qui rend l'été montréalais particulièrement pénible, c'est qu'il connaît des vagues de chaleur à intervalles plus ou moins réguliers, lesquelles peuvent durer de quelques jours à une semaine voire davantage. La canicule s'intensifie de jour en jour et ne faiblit que légèrement le soir. Et pour ajouter à notre malheur, l'humidité se met presque toujours de la partie, transformant la ville en véritable étuve. Que nos meilleurs écrivains les aient évoquées abondamment prouve bien la place importante que les grandes chaleurs occupent dans notre conscience collective :

Aujourd'hui enfin serait une belle journée, après des jours et des nuits d'une chaleur humide qui, si souvent, l'été, s'accumule dans la vallée du fleuve comme l'eau au fond d'une tasse.

— Hugh MacLennan, *Deux solitudes*, 1978, p. 447
[© *Two Solitudes*, 1945]

La vague de chaleur persévéra jusqu'à la fin du mois. Chaque soir, des nuages précurseurs d'orage, violets, aux profils massifs, s'amoncelaient au dessus du Mont-Royal. L'ombre qui s'abattait sur les rues et les pelouses était noire comme de l'encre, et après quelques minutes de silence, les oiseaux appelaient vainement la pluie. La même chose se renouvela chaque soir pendant toute une semaine. Le soleil se couchait, les nuages menaçants passaient alors dans le ciel sans jamais crever, les étoiles faisaient ensuite leur apparition dans un brûlant firmament, et le lendemain matin, le soleil faisait de nouveau une fournaise de la ville. Puis, le dernier soir de juillet, la tempête éclata. (p. 458)

Mais en ce glorieux jour de printemps, sans trop comprendre pourquoi, Victoire avait soudain ressenti le besoin de sortir, de changer d'air, d'emplir ses poumons et ses yeux d'une vie nouvelle, d'une sève neuve, régénératrice, peut-être pour se donner le courage d'affronter les grandes chaleurs qui approchaient à grands pas et qu'elle détestait tant. Victoire était une femme d'hiver et les étés la déprimaient.

— Michel Tremblay, *La grosse femme d'à côté est enceinte*, 1978, p. 139-140

Alors fraîcheur rime avec climatiseur, et Montréal reste à l'intérieur. On se plaît tout d'un coup à aller au travail pour peu que les locaux soient climatisés. On aime pour la même raison traîner dans les galeries souterraines, comme en hiver. Mais pour les habitants des quartiers populaires, coincés chez eux sans climatisation, il ne reste qu'une solution, sortir « à la fraîche » :

> Dans les fonds d'cour, à gauche, à droite,
> Je r'marqu' les famill's d'ouvriers
> Qu'étouff'nt dans leurs maisons étroites,
> Assis dehors en train d'veiller.
> — Jean Narrache, « Soir d'été », *J'parle tout seul quand Jean Narrache,* 1961

> La minuscule maison toute délabrée s'élevait au milieu de la côte, entre la rue Sherbrooke et la rue Ontario, encadrée d'autres comme elle, ses jumelles non pas dans la vraie misère, il y avait pire plus à l'est de la ville, mais dans une pauvreté certaine. Elles semblaient se soutenir, s'épauler. Pas de balcon. La porte donnait sur le trottoir. L'été, la Duchesse devait sortir sa chaise sur le trottoir pour prendre l'air.
> — Michel Tremblay, *Le cahier rouge,* 2004, p. 195

Si le printemps s'installe tout doucement dans des bruissements d'ailes d'hirondelles avant d'éclore pleinement, l'été, avec ses grandes chaleurs suffocantes, arrive subitement tel un oiseau de feu, dès juin. La nature finit par se ressentir de ces vagues torrides quand tardent les pluies salvatrices. Alors les feuilles des arbres commencent à se faner et à changer de couleur avant l'heure. Le gazon se met à griller puis à sécher comme de la paille. La terre de plus en plus assoiffée devient presque aussi dure que le sol gelé en hiver :

> Elle a jeté un regard sur les arbres de l'île Sainte-Hélène. Le soleil filtrait à travers les feuilles dont le vert commençait déjà à passer à cause du manque de pluie, des taches jaunes se voyaient sur les pelouses, des vacanciers pique-niquaient, d'autres se promenaient en flirtant avec la moindre silhouette intéressante.
> — Michel Tremblay, *Le cahier rouge*, 2004, p. 217

Comme pour se faire pardonner ses chaleurs excessives, l'été revient parfois nous envelopper d'une dernière douceur en automne. C'est ce que nous appelons l'été des Indiens, que le *Multidictionnaire de la langue française* définit comme une « période de chaleur et de soleil assez brève au milieu de l'automne (en octobre) ». Quand j'entends parler de l'été des Indiens, je suis surpris de constater à quel point les opinions divergent sur la nature exacte du phénomène. Par bonheur, j'ai retrouvé un article de *La Presse* que j'avais découpé et qui en donne une définition météorologique. Le redoux automnal, pour mériter l'étiquette « été des Indiens » ou « été indien », doit répondre à des critères très précis :

> « L'été indien est une période de beau temps dont les origines sont folkloriques », rappelle le climatologue. Les critères ont été définis par la suite : « Trois jours de beau temps, avec pas beaucoup de précipitations,

une hausse significative des températures et, surtout, il faut qu'il y ait eu un premier gel. »
— Jean-Philippe Fortin, « Pas d'été des Indiens ? », entretien avec le climatologue Nicolas Major, *La Presse*, lundi 6 octobre 2003, p. B7

Pour pouvoir en parler en toute connaissance de cause, il me reste à donner le tableau des températures seuils choisies pour représenter l'été des Indiens :

Dates	Temp. seuil	Normale
24-30 septembre	20 °C	17 °C
1-9 octobre	19 °C	15 °C
10-19 octobre	18 °C	13 °C
20-31 octobre	17 °C	11 °C
1-9 novembre	16 °C	9 °C
10-30 novembre	15 °C	4 °C

On voit que plus l'automne est avancé, plus il faut une hausse significative des températures par rapport à la normale, donc moins il y a de chances que l'été des Indiens se manifeste. À titre d'exemple, entre le 10 et le 30 novembre, en plus du gel préalable, il faudrait trois journées consécutives de beau temps avec un mercure d'au moins 15 °C (soit 11 °C de plus que la normale saisonnière) pour que le redoux soit qualifié d'été des Indiens.

Quand j'étais jeune, pour échapper à la fournaise montréalaise, nous partions tous en famille passer quelques semaines dans une station de villégiature de la côte est canadienne ou américaine. L'autre jour, en faisant du rangement, j'ai retrouvé un petit journal de vacances dans lequel ma mère nous avait demandé, à moi et à mes deux frères, de relater nos journées sur le bord de mer. C'étaient les années 1960. Je devais avoir dix ou onze ans quand j'ai signé ces deux entrées (recopiées telles quelles) :

Lundi 17 août
We had a long trip. When we arrived at our destination we visited the town then we set up the tent. The rest was swimming, liying in the sun and visiting places.

Traduction
Le voyage a été long. Quand on est arrivés à destination on a visité la ville puis on a monté la tente. Pour le reste on s'est baignés, bronzés et on a visité les environs.

Vendredi 21 août
Every morning we go to the beach. Yesterday Christophe made poo in the water. Everybody took pictures with Christophe's new camera. We had a lot of fun in the giant waves that swept over us like huge leaves.

Traduction
Chaque matin nous allons à la plage. Hier Christophe a fait popo dans l'eau. Tout le monde a pris des photos avec le nouvel appareil de Christophe. Nous nous sommes

bien amusés dans les vagues géantes qui déferlaient sur nous comme d'énormes feuilles[18].

Non, vos yeux ne vous jouent pas de tours, c'est bel et bien dans la langue de Shakespeare que j'ai rédigé, je le confesse, mes impressions de vacances. À cela il y a une explication toute simple : mes parents nous avaient mis tous les trois à l'école élémentaire anglaise, croyant probablement qu'il nous serait utile de connaître une deuxième langue. C'était l'époque, rappelez-vous, où les anglophones ignoraient tout du français, et où la présence d'un seul d'entre eux au milieu d'un groupe de francophones suffisait à faire pencher la balance linguistique du côté de l'anglais. Si j'avais grandi dans le Québec des années post-1976, en vertu de la loi 101, mes parents n'auraient eu d'autre choix que de nous inscrire à l'école élémentaire française.

Seulement voilà, au bout de quelques années de scolarisation en anglais, mes frères et moi avions délaissé l'usage du français au point où nous commencions à baragouiner notre langue maternelle ! Tant et si bien que si j'avais eu à écrire mes souvenirs de vacances dans la langue de Molière, celui-ci aurait froncé les sourcils en

---

18. Ce n'est pas faire des plaisanteries scatologiques que de décrire la réalité telle qu'elle fut. Michel Tremblay ne procède pas différemment dans son *Cahier rouge* (p. 228), où il fait dire à l'un de ses personnages : « Si on était il y a deux ans, la Ronde existerait pas encore. On serait en plein dans l'eau du fleuve et des beaux étrons flotteraient autour de nous autres ! » Par ailleurs, je ne saisis pas très bien pourquoi j'ai comparé les vagues géantes à d'énormes feuilles. Les enfants ont parfois une logique qui échappe aux adultes !

voyant ma copie pleine de fautes. C'est pourquoi, pour tenter en quelque sorte de racheter ma faute passée, j'ai traduit en français mes deux entrées du journal de vacances. Qui dit qu'on ne peut réécrire l'histoire?

Une prononciation me revient en mémoire qui est tout à fait révélatrice du stade d'anglicisation avancé que j'avais atteint à l'époque: j'avais tendance, en parlant français, à faire sonner le *t* dans le nom de ma ville natale bien aimée, prononçant *Mon-tré-al!* Je ne sais pas si ce mot prononcé de travers fut la goutte qui fit déborder le vase, mais un jour mes parents décidèrent de reprendre les choses en main et nous mirent à l'école française (un établissement privé à Montréal-Nord). Fut-ce de la reconnaissance spontanée de ma part? Je ne puis le dire. Toujours est-il que j'adressai à mes parents cette petite lettre de remerciements pleine de naïveté enfantine (retrouvée avec le journal de vacances et recopiée elle aussi telle quelle):

Cher Parents,

Je vous remercie infiniment de m'avoir mi à l'école Pasteur. L'enseignement qui m'est donné fera de moi un être intélligent et debrouillard.

Vous avez du abandonner beaucoup de plaisirs pour me mettre à cette école. J'es-esaierai d'apprendre le plus possible pour vous rendre contents.

Votre fils,
Edouard

Vu le nombre de fautes, j'avais encore du chemin à faire avant de récupérer l'usage complet de ma langue maternelle! Ce chemin, il m'a conduit de l'école Pasteur au collège Stanislas, où des professeurs dévoués allaient achever de m'inculquer les connaissances langagières qui me manquaient pour réclamer ma francité. Je ne les ai pas oubliés. Voici, pour revenir à l'été montréalais, et pour finir, la suite du poème sur…

LES MONTRÉALAISES EN SAISON

Quand la nature en été la chaleur endure
Et que prêts à cueillir sont les fruits mûrs,
Pour tirer profit de cette douceur estivale
Que font les jolies femmes de Montréal?

Elles se découvrent d'un autre fil
Pour le bonheur de la gent virile.

(à suivre)

Après l'été, l'automne.

XI

Par la couleur du ciel et les plaintes du vent,
Ô volupté de vivre, ô charme alanguissant !
Par mon désir de rêve et mon cœur qui frissonne,
J'ai senti de là-bas venir vers nous l'automne.
— Albert Lozeau, « À l'automne », *Le miroir des jours,* 1912

VAGUE À L'ÂME AUTOMNAL

D'où vient cette douce mélancolie que je ressens
En voyant, impuissant, les feuilles tomber au vent ?
Cette détresse obscure qui de nouveau m'envahit,
Ne remonterait-elle pas à la primitive nuit ?
À l'époque lointaine où, leurs dieux païens craignant,
Nos ancêtres leur offraient les fruits de leurs champs ?
À la date plus ancienne où, sentant raccourcir
Les jours, leurs ancêtres à eux redoutaient l'avenir ?
Voire au tout début des temps où, ayant péché,
Adam et Ève prirent conscience de leur nudité
Et cousirent des feuilles de figuier en guise de pagnes
Avant que du jardin d'Éden Dieu les éloigne ?
Les feuilles ne tombent-elles pas au sol qui les créa,
Comme l'Homme retourne à la glaise dont on le tira ?
Je m'interroge sans être sûr de la réponse
À ce mystère profond, à cette question absconse,
Tandis que je me promène sur le mont Royal,
Traînant dans les feuilles mon vague à l'âme automnal.

∽

Les jours déclinent insensiblement depuis l'équinoxe
de septembre, mais les minutes grappillées à la clarté
s'accumulent inexorablement. Ainsi, égal à la nuit
il y a quelques semaines encore, le jour ne compte

plus que 10 heures et 33 minutes. Il a perdu presque une heure et demie en un mois, soit trois minutes en moyenne entre chaque lever et coucher du soleil. De même vieillissons-nous imperceptiblement et ne constatons-nous qu'après coup, comme Racine, « des ans l'irréparable outrage ».

Prévisions météorologiques pour ce samedi 23 octobre 2004 : généralement ensoleillé avec quelques nuages en matinée. Vents légers. Probabilité de précipitations : 0 %. Facteur éolien nul. Maximum 11.

Pour imiter le célèbre vers d'Alfred de Musset dans *Nuit de mai* : «Les plus désespérés sont les chants les plus beaux», je serais tenté de dire, parlant de l'automne : «Les plus lumineuses sont les journées les plus belles.» Allons donc voir de quoi Montréal a l'air en cette journée qui s'annonce si splendide.

À travers l'armature métallique du pont Jacques-Cartier apparaît la montagne. D'un vert riant qu'elle était à la belle saison, la voilà comme une masse sombre planant sur la ville. Mais en m'approchant d'elle, je m'aperçois que j'ai été victime d'une illusion d'optique : il est encore bien bariolé, le mont Royal. Ses arbres jaunissants, rougeoyants, brunissants ont réussi à conserver des touches de verdure au milieu de tout cet or, de tout ce cramoisi, de tout ce bronze. Que la chute des feuilles ne soit pas plus avancée m'étonne. Ces automnes qui traînent de plus en plus en longueur seraient-ils imputables au fameux «réchauffement climatique», formule répétée comme une rengaine depuis quelques années ? Je le suppose et me dis que ce ne serait pas forcément de mauvais augure pour les pays nordiques comme le nôtre. J'imagine mal quelqu'un verser des larmes devant le report de l'hiver, à l'exception peut-être de Victoire, ce personnage de l'œuvre de Michel Tremblay que nous avons croisé dans le chapitre précédent !

Sait-on au juste pourquoi les feuilles changent de couleur à l'automne ? Et nous, savons-nous pourquoi nous grisonnons avec l'âge ? Longtemps on a cru que le coloris automnal n'était qu'une simple conséquence du processus de déclin et de mort des feuilles, et qu'il ne servait à rien. Mais voilà que la science a rouvert le dossier. Une hypothèse voudrait que, en changeant de couleur par l'effet des pigments qui subsistent dans les feuilles après le retrait de la chlorophylle vers le tissu de l'arbre, celui-ci envoie un signal aux insectes : « Inutile de pondre vos œufs sur moi, j'ai le feuillage de couleurs vives, signe que je produis des poisons capables de détruire vos larves au printemps. Vous perdez votre temps ici, allez voir ailleurs. » Selon une autre hypothèse, le coloris automnal agirait comme écran solaire, le soleil d'octobre, quoique moins intense que celui de juillet, étant plus nocif à cause de l'interruption de la photosynthèse (d'où le risque d'une suraccumulation d'énergie solaire potentiellement dommageable aux feuilles). Dans un cas comme dans l'autre, on s'entend pour attribuer une fonction protectrice aux couleurs d'automne[19].

Je me demande si l'homme a raison de s'évertuer à trouver une explication à tout. J'y vois un risque. Enlever aux choses leur part de mystère, n'est-ce pas enlever au monde une part de sa poésie ? Avant de prendre connaissance de ces théories scientifiques, je me satisfaisais de croire que les feuilles ne changeaient de couleur à l'automne que pour susciter notre admiration devant l'extraordinaire beauté de la nature ! Le jour – Dieu fasse qu'il ne vienne jamais – où l'on réduira le sentiment amoureux à de banales réactions biochimiques, eh bien ce jour-là, le monde n'aura plus aucune part de poésie.

----

19. Cette discussion est basée sur un article de Carl Zimmer, *The Gazette,* dimanche 24 octobre 2004, Insight, p. 6.

Mine de rien, je me retrouve au sommet de la montagne après avoir longé son flanc sud par l'avenue des Pins et gravi le chemin Remembrance à partir de la Côte-des-Neiges à l'ouest. Tout Montréal semble s'être donné rendez-vous dans le parc du mont Royal. Je me dirige vers le belvédère quand je surprends au passage un bout de conversation, une dame anglophone disant à ses compagnons de marche que les Montréalais sont plus nombreux à profiter de la nature que les Torontois. Je n'ai pas quitté Toronto en emportant l'impression que les gens y étaient casaniers. Ils n'ont pas la chance d'avoir une montagne en guise de parc en plein cœur de leur ville, c'est tout. On ne peut le leur reprocher. Quoi qu'il en soit, il est vrai que nous sommes en grand nombre sur la montagne à admirer les splendeurs de l'automne. Mais il faut dire ce qui est : le coloris automnal, aussi magnifique soit-il, ne peut détourner longtemps le regard de la vue grandiose qu'offre le belvédère sur la vaste plaine du Saint-Laurent, dont la platitude n'est brisée que par les quelques protubérances montérégiennes appelées Saint-Bruno, Saint-Hilaire, Rougemont, etc. Mais plus impressionnant encore est l'effet que produisent les gratte-ciel. On dirait qu'ils sortent de nulle part car, tant qu'on ne s'est pas avancé jusqu'au bord du belvédère, on n'en aperçoit que les étages supérieurs. Quel étrange revirement de situation pour nous, citadins, habitués à marcher aux pieds de ces géants aux sommets fuyants, effet de perspective oblige. Deuxième illusion d'optique !

Occupé à prendre des notes dans le petit carnet noir qui ne me quitte jamais lorsque je suis de sortie à

Montréal, debout sur la grande esplanade baignant dans la lumière encore chaleureuse du soleil de fin d'après-midi, je prends conscience, au bout d'un certain temps, que mon corps est maintenant presque entièrement plongé dans l'ombre. Comme l'astre du jour décline vite derrière la cime des arbres : une quasi-hauteur d'homme en l'espace de quelques pages de griffonnages ! Je me déplace alors vers l'extrémité est de l'esplanade, là où l'ombre est quelque peu moins avancée, le temps de reprendre mes écritures hâtives et maladroites. Mais ne résistant bientôt plus à la fraîcheur qui enveloppe le belvédère, je me réfugie à l'intérieur de l'immense chalet dominant l'esplanade du haut de ses larges marches. Je jette un coup d'œil à ma montre. Il est précisément 17 h. Réchauffé ou non, je dois vite retourner à la voiture avant qu'expire la durée autorisée de stationnement. J'arrive avec quelques minutes encore au compteur. Je récupère le ticket de stationnement que j'avais placé derrière le pare-brise de manière à ce qu'il soit visible de l'extérieur, comme on nous demande de faire. Le code alphanumérique imprimé en pointillé noir sur le billet est accompagné d'une légende permettant de le déchiffrer. Pas plus bête qu'un autre, je le traduis en langage humain :

> 01.00 43 SA 17:18 = stationnement autorisé jusqu'à 17 h 18 ce 43e samedi de l'année contre paiement de 1,00 $

J'ai bien fait d'examiner en détail le ticket. Je m'aperçois que j'ai bêtement omis, une fois de plus, de détacher et de glisser dans ma poche la partie *reçu*, laquelle reproduit le code alphanumérique. «Ah! ce n'est utile que pour les gens qui perdent la mémoire», me dis-je pour me réconforter. La vérité, puisqu'il faut toujours la dire, est que je n'avais jamais remarqué jusqu'à ce jour que les tickets de stationnement de la Ville de Montréal comportaient un reçu détachable pouvant servir d'aide-mémoire aux personnes qui n'en ont plus. Même à l'automne de la vie, j'espère ne pas en avoir besoin. Oui, mais me souviendrai-je d'être venu en voiture[20]?!

Les couleurs, le soleil et le bon air aidant, j'ai perdu le vague que j'avais à l'âme en arrivant. D'où vient ce sentiment de mélancolie qui nous prend à l'automne? Je ne pense pas qu'il soit propre aux poètes, quoique les poètes y soient douloureusement sensibles. Si l'on ne peut pas dire qu'il se dégage une impression de tristesse de l'épigraphe de Lozeau, son poème, qui se termine ainsi:

— Automne qui nous mets du plaisir dans le sang,
Qui nous berces, pareil à la bonne nourrice,
Jusqu'à ce que notre âme en tes bras s'assoupisse,
Je t'aime d'un amour sensuel et païen!
Et je t'élève, ô dieu fait de songe ancien,
Un temple au clair autel entouré de balustres,
Où mon cœur balancé brûle comme un grand lustre!

---

20. Cela me rappelle une blague entendue récemment sur les troubles de la mémoire liés à l'âge. Il faut que je vous la raconte, elle est trop bonne. Un octogénaire encore bien de sa personne entre dans un bar et aperçoit une belle septuagénaire assise au comptoir. Prenant place à côté d'elle, il lui demande: «Dites-moi, est-ce que je viens ici souvent?»

est l'exception qui confirme la règle. Lamartine, Baudelaire et Nelligan, pour ne citer qu'eux, consacrèrent à l'automne des vers chargés de mélancolie :

> Salut ! bois couronnés d'un reste de verdure !
> Feuillages jaunissants sur les gazons épars !
> Salut, derniers beaux jours ! le deuil de la nature
> Convient à la douleur et plaît à mes regards !
> — Alphonse de Lamartine, « L'automne »,
> *Méditations poétiques*, 1820

Bientôt nous plongerons dans les froides ténèbres ;
Adieu, vive clarté de nos étés trop courts !
J'entends déjà tomber avec des chocs funèbres
Le bois retentissant sur le pavé des cours.
— Charles Baudelaire, « Chant d'automne », *Les fleurs du mal,* 1857

Comme des larmes d'or qui de mon cœur s'égouttent,
Feuilles de mes bonheurs, vous tombez toutes, toutes.
Vous tombez au jardin de rêve où je m'en vais,
Où je vais, les cheveux au vent des jours mauvais,
Vous tombez de l'intime arbre blanc, abattues
Çà et là, n'importe où, dans l'allée aux statues.
Couleur des jours anciens, de mes robes d'enfant,
Quand les grands vents d'automne ont sonné l'oliphant.
— Émile Nelligan, « Sérénade triste », *Émile Nelligan et son œuvre,* 1903

J'ai tenté dans mon poème d'esquisser une réponse à la question du mal automnal. Il me semble que nous ayons une compréhension intuitive et primordiale de ce que l'automne est la saison du déclin et que, en tant que tel, il préfigure la mort. L'automne signale aussi le passage de l'extérieur à l'intérieur. Le sentiment de sécurité que les grottes procuraient à nos ancêtres se doublait sans doute d'angoisse claustrophobe. Ces sentiments ancestraux remonteraient à la surface de notre inconscient collectif, précipités par l'éternelle alternance des saisons. Un écrivain français de passage chez nous au début du siècle dernier l'a bien exprimé :

> Partout l'automne est mélancolique, chargé du regret
> de ce qui s'en va et de la menace de ce qui s'en vient.
> — Louis Hémon, *Maria Chapdelaine,* 1998, p. 92
> [© 1916]

L'automne, enfin, est la saison où elles se recouvrent.
Qui? Mais voyons, les Montréalaises!

LES MONTRÉALAISES EN SAISON

Quand la nature prépare son sommeil
Et que du vert elle passe au vermeil,
Pour se protéger du souffle automnal
Que font les jolies femmes de Montréal?

Elles enfilent de petites laines
Pour affronter la bise vilaine.

(à suivre)

Après l'automne, l'hiver.

XII

Mon pays, ce n'est pas un pays, c'est l'hiver
Mon jardin, ce n'est pas un jardin, c'est la plaine
Mon chemin, ce n'est pas un chemin, c'est la neige
Mon pays, ce n'est pas un pays, c'est l'hiver
— Gilles Vigneault, « Mon pays », *Mon pays,* 1966

FROIDURES BORÉALES

Voici déjà les premières gelées automnales
À la faveur de la nuit venues, subreptices,
Aux brins d'herbe suspendues, blanches annonciatrices
De l'imminente saison des rigueurs hivernales.

La ville change de visage aux froidures boréales.
Les feuilles qui hier se ramassaient à la pelle[21]
Ont toutes disparu et on n'entend plus l'appel
Des oiseaux partis pour les latitudes australes.

Quand à la neige se mêle le frigide aquilon,
Dans les rues de la ville on ne voit âme qui vive.
Tels que des troglodytes les habitants survivent
Dans les lieux souterrains de l'agglomération.

Le vent enfin s'épuise, la fatigue son ennemie.
Tout est blanc silence. Et la blancheur irréelle,
Aux citadins qui émergent de la terre, rappelle
Que Montréal, autrefois, s'appelait Ville-Marie.

~

---

21. Clin d'œil au grand poète français Jacques Prévert, dont « Les feuilles mortes » (1959) comportent ce vers : *Les feuilles mortes se ramassent à la pelle.*

Le «poète de Natashquan», dont le nom, chez nous, commence à remplacer celui du célèbre dramaturge français du XVIIe siècle dans la paraphrase «la langue de Molière», a su exprimer mieux que quiconque, dans le refrain d'une chanson (voir épigraphe), toute la place qu'occupe l'hiver dans l'imaginaire québécois. Le chansonnier poursuit sur le thème de l'hiver dans le premier couplet, qu'il termine en faisant une brève allusion aux «autres saisons»:

Dans la blanche cérémonie
Où la neige au vent se marie
Dans ce pays de poudrerie
Mon père a fait bâtir maison
Et je m'en vais être fidèle
À sa manière, à son modèle
La chambre d'amis sera telle
Qu'on viendra des autres saisons
Pour se bâtir à côté d'elle

Mais Vigneault revient aussitôt à la seule saison qui compte vraiment, l'hiver, dans le deuxième et dernier couplet, où il invite ses frères humains à venir dans son vaste pays « de glace » (il est intéressant de noter ce bel esprit fraternel préfigurant merveilleusement Expo 67) :

De mon grand pays solitaire
Je crie avant que de me taire
À tous les hommes de la terre
Ma maison, c'est votre maison
Entre mes quatre murs de glace
Je mets mon temps et mon espace
À préparer le feu, la place
Pour les humains de l'horizon
Et les humains sont de ma race

S'il est vrai que la « mauvaise saison » frappe plus longtemps et plus durement la capitale, Montréal n'est pas pour autant épargnée. Avec tous les inconvénients que cela comporte : escaliers périlleux, trottoirs glissants, chaussées impraticables, froids sibériens, montagnes de neige à déblayer, etc. Heureusement, nous avons la ville souterraine pour nous mettre à l'abri des éléments, ce «ventre chaud des lueurs du temps arrêté[22]». Il y aurait, paraît-il, des citadins qui s'enferment au début de l'hiver pour ne ressortir qu'au début du printemps. La chose, quoique surprenante, est tout à fait possible pour peu qu'ils habitent et travaillent dans des immeubles qui communiquent chacun avec le réseau souterrain. De vrais troglodytes urbains !

Les détracteurs de notre climat se plaisent à dire que l'hiver commence dès les premières gelées d'octobre (donc bien avant le solstice de décembre) pour ne s'achever véritablement qu'à la fin d'avril (donc bien après l'équinoxe de mars). La saison froide peut en effet arriver précocement et sans avertissement :

> Cet après-midi-là, un violent vent froid s'éleva du nord-est et prit une telle ampleur qu'au soir l'air était devenu un tourbillon de petits points blancs : la neige venait de faire son entrée dans le pays. Elle fouetta le sol, le peignit de gris, puis de blanc, et même après que se fit l'obscurité, elle continua de tomber toute la nuit en sifflant imperceptiblement, et cela jusqu'au milieu de la matinée.
>
> — Hugh MacLennan, *Deux solitudes*, 1978, p. 59
> [© *Two Solitudes*, 1945]

Tout comme elle peut réserver de drôles de surprises à la fin. Puisant dans mes souvenirs de jeunesse, je me rappelle une grosse chute de neige sur Montréal

---

22. Claude Beausoleil, «Préface», *Montréal est une ville de poèmes vous savez,* 1992, p. 10

en plein mois de mai ! Lourde et collante, elle ne tint pas bien longtemps, aussitôt tombée, presque aussitôt fondue. On croyait l'hiver parti pour de bon, il était revenu nous faire un dernier adieu. Quelques années plus tard, à Banff, dans les montagnes Rocheuses, j'allais faire encore mieux en étant témoin d'un caprice de l'hiver au mois de juin !

L'hiver ne m'a jamais semblé une saison triste, contrairement à l'automne. Une belle bordée de neige fraîche et immaculée est de nature à remonter le moral, la chute des feuilles à le faire tomber. Mais, nous disent les spécialistes, la brièveté du jour hivernal entraîne chez certaines personnes un état dépressif, le fameux « trouble affectif saisonnier » pour jargonner. On peut se demander si Nelligan ne faisait pas partie de ces âmes sensibles sur qui pèse lourdement l'hiver, lui dont le poème sur la saison froide (un de ses plus beaux) est empreint de tristesse du début jusqu'à la fin :

SOIR D'HIVER

Ah ! comme la neige a neigé !
Ma vitre est un jardin de givre.
Ah ! comme la neige a neigé !
Qu'est-ce que le spasme de vivre
À la douleur que j'ai, que j'ai !

Tous les étangs gisent gelés.
Mon âme est noire : Où vis-je ? Où vais-je ?
Tous ses espoirs gisent gelés :
Je suis la nouvelle Norvège
D'où les blonds ciels s'en sont allés.

Pleurez, oiseaux de février,
Au sinistre frisson des choses,
Pleurez, oiseaux de février,
Pleurez mes pleurs, pleurez mes roses,
Aux branches du genévrier.

Ah ! comme la neige a neigé !
Ma vitre est un jardin de givre.
Ah ! comme la neige a neigé !
Qu'est-ce que le spasme de vivre
À la douleur que j'ai, que j'ai !...

Mais son mal était-il saisonnier, ou plus général ? Poser la question, c'est suggérer la réponse. Nous avons déjà cité un Nelligan tout mélancolique dans le chapitre sur l'automne. Et nous avons vu auparavant que l'enfant poète était en fait atteint d'un trouble de la personnalité qui lui faisait voir la vie en noir. Quoi qu'il en soit, il n'est pas le seul ni le premier à avoir consacré des vers tristes à l'hiver :

Le vent froid de la nuit souffle à travers les branches
Et casse par moments les rameaux desséchés ;
La neige, sur la plaine où les morts sont couchés,
Comme un suaire étend au loin ses nappes blanches.
— Leconte de Lisle, « Le vent froid de la nuit », *Poèmes barbares*, 1862

Montréal vue de l'île Sainte-Hélène ou de la Rive-Sud par une journée sibérienne est un des spectacles les plus saisissants qu'on puisse avoir de la ville. Les nuées blanches qui montent du fleuve masquent de leur écran vaporeux la ville au pied de la montagne. Seuls les hauts immeubles apparaissent au-dessus de la marée blanche. La ville fume aussi. Des touffes blanches que le vent étire, comme les fumerolles d'un volcan, s'échappent des toits des édifices à étages et tranchent avec le ciel d'azur. On dirait que la ville tout entière plane sur un vaste nuage de vapeurs glaciales. Le ciel d'un bleu limpide n'annonce aucune trêve. Le froid déferle sur la ville comme les vagues marines sur le rivage.

Le froid cède enfin sa place à la neige. La tempête fait rage jusqu'au bout de la nuit. Montréal s'éveille. Invisible, le noir asphalte des chaussées, le gris béton des trottoirs. Ensevelies, les marches des escaliers, les voitures garées dans les rues. Le duvet neigeux étouffe les bruits de la ville. Tout est douceur feutrée. Tout est blancheur parfaite. Et cette immaculée impression évoque la Vierge sous la protection de laquelle Montréal fut placée à ses débuts, lorsqu'elle se nommait Ville-Marie.

Depuis son assomption, son enlèvement miraculeux au ciel par les anges, la Vierge Marie, dit-on, a fait plusieurs apparitions sur terre. À supposer qu'elle se manifeste à Montréal, en plein hiver, je me demande si elle ferait comme...

LES MONTRÉALAISES EN SAISON

Quand la nature en hiver est au repos
Et qu'elle se pare de son blanc manteau,
Pour affronter le froid par trop glacial
Que font les jolies femmes de Montréal?

Elles revêtent leurs plus belles parures
Pour faire honneur à Dame Nature.

Quand les apparences par les saisons
Ainsi sont dictées, sans exagération
Peut-on dire : «Celles que l'on aime
Ne sont jamais tout à fait les mêmes!»

(fin)

Ainsi s'achève le rythme des saisons.

AMBIANCES

XIII

Il pleure dans mon cœur
Comme il pleut sur la ville,
Quelle est cette langueur
Qui pénètre mon cœur?
— Paul Verlaine, « Ariettes oubliées »,
III, *Romances sans paroles*, 1874

IL PLEUT SUR MONTRÉAL

Le ciel se voile de noir et mue en soir
Le jour à peine levé sur la cité,
Jetant, comme à l'heure du soleil couchant,
Une clarté sombre sur tout, une pénombre.

Alors se déverse le ciel, plein de fiel,
Et dedans mon cœur je sens venir l'heure
Où de sa cache sortie, Mélancolie
Jusqu'à bord ras ma pauvre âme inondera.

Hier tout était gai, plus rien ne l'est ;
Le soleil a fait place à l'eau de glace
Qui s'abat comme un mal sur Montréal.

Et aujourd'hui, par l'ennui envahi,
J'erre solitaire dans ma cité amère,
Le triste temps à voix basse maudissant.

∼

Lectrices complices, j'ignore si les vicissitudes du
temps ont tendance à vous rendre cyclothymiques,
comme moi. Oh, je sais, le mot est bien grand :

CYCLOTHYMIE [siklotimi] *n. f.* (1909 ; mot all. [1882], du gr. *kuklos,* et *thumos* « état d'esprit »). *Méd.* Anomalie ou constitution psychique qui fait alterner les périodes d'excitation et de dépression.
— Le *Petit Robert,* 1990, p. 440

mais il traduit bien l'idée que je cherche à exprimer, à savoir que Montréal sous la pluie peut m'attrister autant que m'égaie la ville par une belle journée ensoleillée. Je ne m'en plains pas, remarquez, car la tristesse, on le sait, est muse tout autant sinon plus que l'allégresse. Et vous, chers lecteurs oubliés l'espace d'un court paragraphe, pensez-vous que le temps ait une influence sur l'humeur?

Si j'ai un penchant à la morosité quand le temps se couvre et que l'eau du ciel tombe sur Montréal, rassurez-vous, je ne sombre pas dans les abîmes de désespoir que certains ont dépeints:

> Je suis le ténébreux – le veuf – l'inconsolé,
> Le prince d'Aquitaine à la tour abolie,
> Ma seule étoile est morte – et mon luth constellé
> Porte le soleil noir de la Mélancolie.
> — Gérard de Nerval, «El desdichado», *Chimères*, 1854

> Dans le deuil, dans le noir et le vide des rues
> La pluie; elle s'égoutte à travers nos remords
> Comme les pleurs muets des choses disparues,
> Comme les pleurs tombant de l'œil fermé des morts,
> Dans le deuil, dans le noir et le vide des rues!
> — Georges Rodenbach, «Paysages de ville», *Le règne du silence*, 1891

Je crois que Verlaine est l'un de ceux qui a su le mieux poétiser cette mélancolie inexplicable qui imprègne l'être alors que «tout va bien» en apparence. C'est cette contradiction entre l'état intérieur (la réalité subjective) et l'état extérieur (la réalité objective) qui rend la mélancolie chronique si difficile à supporter. En fait, on ne peut y échapper qu'en se réfugiant dans des asiles passagers, comme le fera Verlaine tout au long de sa vie mouvementée (périodes d'intempérance, moments de violence, mariage contre nature, voyages anonymes à l'étranger). Voici son *Ariette oubliée III* au complet, dont le dernier quatrain est poignant de lucidité :

> Il pleure dans mon cœur
> Comme il pleut sur la ville,
> Quelle est cette langueur
> Qui pénètre mon cœur?
>
> Ô bruit doux de la pluie
> Par terre et sur les toits!
> Pour un cœur qui s'ennuie
> Ô chant de la pluie!
>
> Il pleure sans raison
> Dans ce cœur qui s'écœure.
> Quoi? nulle trahison?...
> Ce deuil est sans raison.
>
> C'est bien là la pire peine
> De ne savoir pourquoi
> Sans amour et sans haine
> Mon cœur a tant de peine!

Une lecture attentive révèle que Verlaine fait usage de la rime intérieure (rime entre la finale du vers et une syllabe située à l'intérieur du même vers, exemple : *Il pleure dans mon cœur; Ô bruit doux de la pluie*). C'est une rime que Verlaine affectionne, elle revient assez souvent dans ses vers. Dans mon propre poème, j'ai fait un usage systématique de la rime intérieure, au lieu de la rime traditionnelle entre les finales de vers.

Cela a pour effet de doubler le nombre de rimes, puisqu'il y en a une par vers au lieu d'une tous les deux vers, ce qui contribue – du moins je l'espère – au rythme et à la musicalité.

Le cas de Verlaine pose en plein le problème – pour ne pas dire le dilemme – de la séparation de l'homme et de son œuvre. Peut-on, doit-on, apprécier l'œuvre sans juger l'homme? Dans la mesure où l'on a découvert l'œuvre sans rien connaître de l'homme, et que l'œuvre nous a plu, émus, je ne vois pas pourquoi un regard ultérieur porté sur la vie de l'homme nous ferait changer d'appréciation. La beauté de l'œuvre n'est pas tributaire de l'exemplarité de la vie de son auteur. Et je serais tenté d'ajouter, dans le cas de Verlaine, que la beauté de l'une (l'œuvre) n'aurait peut-être pas été possible sans la laideur de l'autre (l'homme et sa vie). En effet, on le décrit comme un homme morose aux mœurs dissolues, d'apparence ingrate, avec son front dégarni et ses pommettes saillantes. Contentons-nous donc d'apprécier l'œuvre et abstenons-nous de porter un jugement sur l'homme. En cela je rejoins l'opinion émise par un professeur de la Sorbonne qui a préparé un ouvrage sur Verlaine:

> Cette question [que soulève la vie de Verlaine] continue d'être posée, avec la gêne persistante, parce qu'on aime le poète, d'avoir à juger l'homme. Mais, justement, il n'y a pas lieu de le juger. Il faudrait pouvoir, ici plus que jamais, dissiper l'antique malentendu, toujours dénoncé et toujours renaissant, qui unit l'art à la vertu. [...] Aussi bien, la pitoyable

vie de Verlaine n'a que faire d'un verdict. Et lui ne réclame pas l'estime, – ou ne la réclame plus. Il suffit de se persuader qu'il n'existe aucune incompatibilité entre le génie poétique et les souillures du cœur, et de distinguer *comme était* ce cœur en ses plus naturelles impulsions.

— Jacques Robichez, *Œuvres poétiques de Verlaine*, 1986, p. XVII

Voilà qui est bien dit. Si j'ai pris la peine de faire cette mise en garde en prenant pour exemple Verlaine, c'est que sa «pitoyable vie» est connue dans les moindres détails ou presque. Ce n'est pas forcément le cas de tous les auteurs passés, chez nous ou ailleurs. Le jour où toute la lumière sera faite sur leur existence, aurons-nous toujours la fermeté de nos convictions? Oublierons-nous la résolution que nous prenons aujourd'hui, d'apprécier l'œuvre pour ce qu'elle vaut sur le plan esthétique, peu importe ce que vaut la vie de son auteur sur le plan moral?

Montréal, pluvieuse, nous a fait prendre connaissance de la douleur de Verlaine, poète. Je ressens de la sympathie pour ce malheureux dont le cœur pleurait comme il pleut sur la ville…

XIV

Je suis belle le soir et j'étonne les yeux
Avec mon fleuve sombre et mes ponts et mes gares ;
Quand le port vu de loin se pointille de feux,
Apparaît comme un rêve où conduisent les phares,
Quel pur rayonnement sur le miroir des eaux !
— Albert Ferland, « Prosopopée de Montréal »,
Montréal, ville natale. De Ville-Marie à nos jours,
1946

MONTRÉAL, LA NUIT

Traversant à pied le pont Jacques-Cartier
par un beau soir de mai

En travers de la passerelle piétonnière,
Un jeune veilleur silencieux me surprend.
Il contemple en face la ville qui s'éclaire
Et on dirait à le voir qu'il s'éprend
De la cité embellie de lumière.

Montréal est faite pour être nocturne,
Mais la nuit est une bienfaitrice fragile.
Succédant à la transparence diurne,
Elle obscurcit un temps l'apparence vile,
Tandis que veille le vigile taciturne.

Je vois déjà enflammé le fanal
Qui du pinacle de son phare géant
Illumine comme un astre sidéral.
Le feu tournant perce la nuit, éloignant
Des hauteurs périlleuses de Montréal.

En bas, sous la lueur des réverbères,
Des êtres occultes en passant se profilent
Qui me seront à jamais des mystères…
L'une après l'autre les voitures défilent,
En traces lumineuses muant les artères.

Au centre de la plus haute des travées,
Me penchant par-dessus la balustrade,
Mes pensées par le vide sont attirées
Et je songe à ces âmes qui sans bravade
De leur vie sur terre se sont échappées.

Un vent vif balaie le pont meurtrier.
Tout à l'heure l'air était doux et subtil,
C'est l'automne maintenant sur le tablier.
Ce souffle froid qui me glace serait-il
Celui des morts qu'on ne peut oublier?

Je vais de l'avant tel un homme qui fuit
Les lugubres idées qu'il a laissées –
Par empathie – envahir son esprit
Et m'exclame, celles-ci enfin écartées:
Que la ville est belle dans sa robe de nuit!

Tandis que la banlieue, de son long œil
Que l'habitude a rendu insensible,
Regarde, cachant son envie par orgueil,
La ville qui brille d'un feu inextinguible,
Je m'enfonce dans le métro de Longueuil.

≈

Belle de jour, peut-être Montréal l'est-elle encore
davantage de nuit. S'alimentant continuellement en
électricité, du matin au soir et du soir au matin, ce
n'est cependant qu'une fois les ténèbres tombées que
le courant qui l'anime, l'allume en une splendeur
féerique qui éblouit la sensibilité du poète :

Montréal, lumineux réseaux, luisants pavés,
Ruissellement diffus des faisceaux de lumières,
Ville aux cent carrefours, dont les blanches artères
Roulent confusément des peuples énervés.
— Clément Marchand, « Soir à Montréal », *Les soirs rouges*, 1930

Mais le poète ne voit pas toujours ni partout de la beauté dans cette frénésie électrique. Il peut même y détecter de la laideur :

La nuit
Les gratte-ciel
Se livrent des combats fantasques
Au-delà du festin nocturne
De la laideur des néons
De la promiscuité des uns et des autres
Qui tentent désespérément de s'aimer
— Georges Dor, « Montréal », *Poèmes et chansons*, 1971

Les enseignes lumineuses ont ce défaut, il est vrai, qu'elles peuvent apparaître criardes vues de près. Mais de loin, de mon poste d'observation enjambant le Saint-Laurent, ces fluorescences ajoutent au jeu de lumières et de couleurs. Dire que les néons sont laids n'est pas leur rendre justice. D'autres se sont contentés de les évoquer sans parti pris :

Montréal m'a tant, la nuit
dans sa peau de néons
dans ses fourrures de trottoirs
ruelles fugaces de pièges
au lampadaire de lune diffus
le flou reflet des nuits à l'ombre
— Bruno Roy, « Fragments de ville »,
Fragments de ville, 1984

Quoi qu'il en soit de ces tubes luminescents, si vous voulez admirer Montréal dans sa robe nocturne autrement que du belvédère habituel du mont Royal, je vous conseille vivement une promenade sur le tablier du pont Jacques-Cartier par une belle soirée hivernale ou estivale. La vue imprenable qu'on y a sur la ville vaut le déplacement. Mais ne le faites pas un soir de feux d'artifice, vous ne sauriez plus de quel côté donner de la tête !

Mais au fait, ce jeune veilleur qui contemple Montréal à la tombée de la nuit, qui est-il ? N'allez pas croire que je parle de moi à la troisième personne. Non, le soir où j'ai entrepris de traverser le pont Jacques-Cartier à pied – une envie qui m'a pris comme ça –, j'ai été étonné de rencontrer, assis en travers de la passerelle piétonnière, un jeune homme avec, posé à côté de lui contre l'armature du pont, une bicyclette. Je crois même me souvenir qu'il avait un livre entre les mains. Je ne saurais vous dire comment il pouvait lire à cette heure-là. Sans doute, maintenant que j'y repense, s'était-il arrêté sous la lueur d'un des globes qui éclairent la passerelle à intervalles réguliers.

J'ai eu l'impression en le voyant d'être en présence d'un idéaliste, d'un poète peut-être, levant de temps en temps la tête pour admirer au loin, à travers les barreaux de la balustrade, la silhouette illuminée de Montréal. J'ai ressenti une espèce de communion avec lui, celle de deux êtres unis par la beauté d'un même spectacle. Puis je continuai mon chemin, heureux de savoir que ce soir-là, je n'étais pas seul à trouver belle la ville nocturne.

JACQUES CARTIER
1534
◊
BUSTE GRACIEUSEMENT
OFFERT
PAR
LA
FRANCE
LE
1ER SEPTEMBRE
1934
POUR COMMÉMORER LE
IVE
CENTENAIRE
DE
LA NAISSANCE
DU
CANADA

Sans se presser, il faut compter une quarantaine de minutes pour traverser à pied le pont Jacques-Cartier de l'avenue De Lorimier à Montréal jusqu'à la station de métro de Longueuil. En prenant le

trottoir de droite, vous passerez, à la hauteur de l'île Sainte-Hélène, devant le buste de Jacques Cartier, sur le socle duquel on peut lire l'inscription dans l'encadré.

J'ai gardé pour la fin le macabre sujet évoqué dans mon poème : les suicidés du pont Jacques-Cartier. Il faut savoir que les grands ouvrages fluviaux au Canada relèvent de l'autorité fédérale et que celle-ci s'est enfin décidée à agir pour empêcher les suicidaires de passer à l'acte depuis les hauteurs du pont Jacques-Cartier. On ne peut que se féliciter de cette mesure qui, si elle arrive trop tard pour les uns, découragera les autres de poser le même geste irréparable :

La Société des ponts fédéraux doublera la hauteur de la rampe de sécurité sur toute la longueur de la voie piétonnière du pont Jacques-Cartier […] Le pont reliant la Rive-Sud à Montréal détient la triste deuxième position parmi les ponts les plus meurtriers au monde derrière le Golden Gate à San Francisco. Chaque année, environ 10 personnes mettent fin à leurs jours en enjambant le parapet du pont Jacques-Cartier. On estime qu'environ 700 personnes se sont suicidées à partir du pont depuis sa construction en 1930.

— Sébastien Rodrigue, « Pont Jacques-Cartier : une barrière anti-saut pour contrer les suicides », *La Presse*, jeudi 26 février 2004, p. A1

Faisons le terrible calcul ensemble. En soustrayant l'année d'inauguration du pont (1930) et celle en cours (2004), on obtient : ([2004 - 1930] - 2) x 10 = 720. Voilà comment le journaliste a dû arriver à son triste bilan.

Lecteur comme lectrice se souviendront peut-être, s'ils me lisent depuis le premier livre de mes *Confessions montréalaises,* de ma propre descente aux enfers. Sans vouloir passer pour une autorité en la matière, j'aimerais néanmoins tirer profit de cette douloureuse période de ma vie pour faire part de quelques réflexions personnelles. C'est quand le nadir est atteint et qu'on songe malgré soi à la solution qui n'en est pas une que, paradoxalement, le pire est passé et que va commencer la lente mais sûre remontée vers la surface. L'ami qui m'est venu le plus en aide dans mon heure de noirceur est celui-là qui ne m'a pas laissé m'apitoyer sur mon sort, qui m'a secoué avec ses propos sans complaisance : « N'aie pas peur de regarder ta dépression en face, fais-en ton amie et tu verras que, ne la craignant plus, tu commenceras à aller mieux. » En vérité je vous le dis, cet ami avait cent fois raison : dès lors que j'ai traité ma déprime en compagne, que j'en ai fait mon alliée, je n'en ai plus eu peur. Je me souviens même de lui avoir dit (à ma déprime, pas à mon ami) : « Montre-moi toute la profondeur de ton abîme, emmène-moi plus bas encore que je sois jamais tombé… » Voyant que mon mal n'empirait pas malgré mes exhortations, et sachant que j'avais manifestement survécu jusque-là, je possédais la preuve irréfutable que le mal, aussi terrible fût-il, était supportable. À partir de ce moment « épiphanique », je me suis mis à prendre du mieux.

Prétendre qu'il aura suffi de cette seule révélation pour m'en sortir serait une grossière simplification, bien sûr. Il aura fallu un concours de facteurs, lesquels, à bien y réfléchir, sont tous pleins de bon sens : entourage empathique (c'est encore au milieu des siens qu'on se sent le plus en sécurité), alimentation saine (bu avec modération, le vin ne fait aucun mal et remplace même avantageusement les médicaments chimiques), beaucoup de repos (consommer des livres de préférence à des anxiolytiques en cas de troubles du sommeil), exercice physique (se forcer même si l'envie n'y est pas), retrait provisoire de la vie professionnelle (le cerveau n'est plus capable de prendre ne serait-ce que la moindre décision)… et antidépresseurs à la poubelle ! Ces petites pilules dites « magiques » se sont avérées être tout sauf cela dans mon cas, causant l'ensemble des effets indésirables énumérés sur la notice sans apporter la moindre délivrance, même au bout de semaines d'ingurgitation – il est vrai que j'ai toujours été réfractaire à la médication ! Si j'avais à faire un choix dans cette liste, je dirais de ne surtout pas sous-estimer les bienfaits de l'exercice. Si vous n'avez jamais été une personne active physiquement, profitez de votre déprime pour vous y mettre. Seul un saint Thomas ou un inconscient refuserait de se laisser convaincre par les preuves scientifiques qui ne cessent de s'accumuler quant au pouvoir souverain de l'exercice physique sur le cerveau :

> Un exercice aérobique peut augmenter le débit sanguin dans le cerveau de plus de 30 %. Un tel afflux de sang apporte son lot d'oxygène, de nutriments et d'hormones. [...] L'exercice agirait sur la structure même du cerveau en favorisant la formation de nouvelles cellules nerveuses (neurones), ainsi que de nouvelles interconnections (*sic*) entre ces cellules. [...] Les régions du cerveau sur lesquelles l'exercice semble avoir le plus d'effet sont les cortex pariétal, frontal et temporal. Ces régions sont associées aux fonctions cognitives (mémoire, apprentissage).
> — Richard Chevalier, « Quand l'exercice monte à la tête », *La Presse,* dimanche 22 février 2004, cahier Actuel, p. 6

Ce n'est pas tout. À ces effets bénéfiques généraux sur le cerveau s'ajoutent d'autres qui constituent un véritable remède contre la dépression, apprend-on dans le même article :

> Des recherches ont démontré ces dernières années que la pratique régulière de l'activité physique favorise la synthèse dans le cerveau de la sérotonine, un neurotransmetteur produit par les neurones qui

influence les zones cérébrales contrôlant l'humeur. Ainsi, on sait que les personnes déprimées ont un taux anormalement bas de sérotonine. D'ailleurs, il est maintenant scientifiquement établi que l'exercice réduit les symptômes de la dépression au même titre que le ferait un antidépresseur.

Ainsi, au sortir de votre déprime, vous aurez le cerveau comme à l'état neuf, et vous démentirez le dicton selon lequel «on ne peut pas faire du neuf avec du vieux»! Trêve de plaisanterie. Je souhaite que mon expérience – qui est à prendre pour ce qu'elle vaut – puisse être un message d'espoir pour tous ceux et celles en proie au désespoir. Qu'ils et elles sachent que la noirceur n'est jamais si totale qu'il faille envisager la solution finale…

XV

Pourquoi, ma fière Ville, à cette heure féerique,
Réveiller dans mon cœur ton passé nostalgique?...
— Albert Ferland, « Le poète, la ville », *Montréal,
ma ville natale. De Ville-Marie à nos jours,* 1946

NOSTALGIE NOCTURNE

Rose est le prélude à la nuit
Le jour s'éteint sur l'horizon
Des hauteurs désertes du pont
On voit la ville là-bas qui luit

En bas sur l'île Sainte-Hélène
Un promeneur solitaire passe
Il ignore ce qui l'attend hélas
Où ses pas un à un le mènent

Quel est ce lieu de désolation
Qui le surprend et le chagrine
La Place des Nations en ruine
Prise d'assaut par la végétation

Ces restes que l'herbe recouvre
Vestiges de Terre des Hommes
Aux oublieux que nous sommes
Une porte sur le passé ouvrent

Comment n'être pas nostalgique
Avec le temps passe la splendeur
Seule l'heure tire enfin le rêveur
De ses méditations mélancoliques

La nuit est tombée il se fait tard
Le ténébreux cherche la lumière
Tout le ciel à La Ronde s'éclaire
Le grand Jupiter exerce son art

Cependant sur son socle ample
Jacques Cartier reste de pierre
Les dieux ne l'émeuvent guère
C'est l'horizon qu'il contemple

Il regarde droit vers le Levant
Par où autrefois il était arrivé
En bronze il s'est transformé
Pour défier à jamais le temps

Les feux célestes se sont éteints
L'obscurité a repris ses droits
Le promeneur solitaire s'en va
Montréal luit toujours au loin

Chaque été depuis dix-neuf ans maintenant, le ciel de Montréal se transforme en flambeau de l'art pyrotechnique. Du 21 juin au 30 juillet de ce millésime 2003, les firmes de neuf pays (France, Chine, Italie, Argentine, Portugal, Australie, États-Unis, Canada, Angleterre) rivaliseront de prouesses détonantes et éclairantes dans l'espoir de décrocher l'un des trois Jupiters d'or, d'argent et de bronze.

> **JUPITER** [*tèr*], le père et le maître des dieux, dans la mythologie latine (assimilé au **Zeus** grec). Il renversa son père, Saturne, vainquit les Titans, donna à Neptune la mer, à Pluton l'enfer, et garda pour lui le ciel et la terre. Les divers attributs qu'on lui reconnaissait lui valurent des surnoms nombreux : *Jupiter Tonnant, Jupiter Férétrien,* etc. Il est le dieu du Ciel, de la Lumière diurne, du Temps qu'il fait, de la Foudre et du Tonnerre. Il régnait, à Rome, sur le Capitole, qui lui était consacré.
> — Le *Petit Larousse,* 1961, p. 1465

Devant la popularité de cet événement, et pour permettre aux habitants de Montréal et de sa banlieue (sans oublier les nombreux visiteurs) de s'en mettre plein la vue, l'administration urbaine a eu l'heureuse initiative de fermer le pont Jacques-Cartier à la circulation automobile les soirs des feux d'artifice. Pour la première fois cette année, j'ai fait comme de milliers d'autres amateurs de sensations « fortes » et je suis monté sur les arches du pont vert-de-gris, duquel on domine le parc d'attractions de La Ronde, d'où sont tirés les feux.

Le soleil s'est couché depuis un moment déjà, embrasant l'horizon de teintes rose pastel. L'azur, petit à petit, s'est mué en toile de fond bleu nuit. L'heure approche. Soudain, les lumières de La Ronde s'éteignent. La féerie nocturne va commencer. Pendant une demi-heure illuminations éblouissantes et détonations assourdissantes vont se succéder. Si puissantes sont les déflagrations qu'elles font vibrer le géant de fer sous nos pieds. Les fusées lancées vers la voûte céleste explosent en longues gerbes étincelantes qui retombent en lentes traînées incandescentes presque au-dessus de nos têtes. Pour manifester leur approbation les spectateurs massés sur le pont applaudissent pendant les brèves interruptions des artificiers. Et voilà que la magie céleste reprend de plus belle, jusqu'au bouquet final, véritable apothéose de son et de lumière que l'on voudrait éternelle. La vie n'est-elle pas ainsi faite, que les plus grands plaisirs ne durent jamais longtemps ?

Pendant que la foule pousse des « oh ! » et des « ah ! », je me retourne vers le buste de Jacques Cartier dressé sur le pont comme sur un énorme socle. Il en a vu d'autres, et pas seulement des feux d'artifice. Je suis ses yeux. Cela ne fait aucun doute : c'est vers le large qu'il regarde, vers la France, pays de nos ancêtres, qui jadis l'envoya explorer nos contrées sauvages. Sans lui, Montréal existerait-elle ? À ce grand explorateur figé dans le bronze nous devons tous une chandelle, non pas romaine mais fière !

Achevée dans l'allégresse des feux célestes, ma soirée avait commencé sur une note de tristesse. Arrivé avec presque deux heures d'avance sur le pont pratiquement désert (on venait de le fermer à la circulation automobile et les piétons ne l'avaient pas encore envahi), j'étais descendu me promener sur l'île Sainte-Hélène, ce que je n'avais pas fait depuis des lustres. Quel ne fut mon étonnement de découvrir, à l'extrémité ouest de l'île (entre le belvédère et le pont de la Concorde), les restes abandonnés de la Place des Nations, où furent célébrées les cérémonies d'ouverture et de fermeture d'Expo 67. Une plaque commémorative était là qui servait d'épitaphe :

> L'Exposition universelle et internationale de Montréal s'est tenue sur ces îles du 28 avril au 27 octobre 1967 sur le thème « Terre des Hommes ».

J'ai laissé mon regard traîner sur ces vestiges envahis par les mauvaises herbes, moi qui avais connu le lieu dans sa splendeur originelle. Nostalgie nocturne[23]…

---

23. C'est une firme québécoise qui, au nom du Canada, a remporté le prestigieux Jupiter d'or de l'édition 2003 du Concours international d'art pyrotechnique de Montréal, une première depuis la compétition inaugurale de 1985. Sont également montées sur le podium : l'Australie (Jupiter d'argent) et la Chine (Jupiter de bronze) avec un spectacle intitulé *Cartes postales de Hong Kong,* celui-là même auquel j'ai assisté le samedi 28 juin, sur le tablier du pont Jacques-Cartier.

XVI

Un jour, un jour,
Quand tu viendras,
Nous t'en ferons voir
De grands espaces.
Un jour, un jour,
Quand tu viendras,
Pour toi nous retiendrons
Le temps qui passe.
— Stéphane Venne, « Un jour, un jour », chanson
officielle d'Expo 67

TERRE DES HOMMES

Au temps béni de Terre des Hommes,
la paix régnait sur l'onde ;
ô pauvres humains que nous sommes,
en tous lieux de ce monde
que ne l'avons-nous fait triompher ?

Hélas, il n'était pas fait pour durer,
ce paradis surgi de l'eau ;
dès les premières lueurs du matin,
même le rêve le plus beau
touche malheureusement à sa fin.

Afin d'aspirer toujours vers l'idéal,
souvenons-nous de Montréal,
ô pauvres humains que nous sommes,
souvenons-nous de Montréal
au temps béni de Terre des Hommes.

Un membre de l'Académie canadienne-française a décrit mieux que je ne pourrais le faire l'ambiance extraordinaire qui régnait à Montréal pendant Expo 67 :

> Jamais il n'y eut à Montréal une fête aussi grandiose, aussi réussie que celle de l'Exposition universelle de 1967 dont le site, merveilleusement nommé Terre des Hommes, accueillit plusieurs millions de visiteurs du monde entier. [...]
>
> Terre des Hommes, c'était le village planétaire, rassemblé sur trois îles au milieu du Saint-Laurent, voie royale de nos origines et de la civilisation à

laquelle nous appartenons. Partout, parmi les foules mouvantes, les choses et les gens provoquaient des sentiments qui nous élevaient. La fraternité, la joie, la liberté, l'amitié, l'amour étaient quasi palpables et nous emplissaient le cœur. Il y avait dans l'air des baumes, des fluides, des effluves parfumés, des chants, des voix et des paroles étrangères qui nous devenaient familières et fraternelles et qui faisaient naître en nous des espoirs profonds dont on ne se savait pas porteurs.

Jamais n'avions-nous éprouvé aussi largement le bonheur et le goût de vivre et cette ivresse indicible d'appartenir pleinement à un monde pacifié où tous les rêves semblent possibles. Cette Terre des Hommes appartenait à tous les hommes, à toutes les femmes et à tous les enfants de la terre et elle nous appartenait à nous aussi puisque c'était chez nous qu'elle était érigée dans toute sa splendeur. Nous en étions donc les hôtes privilégiés.

L'Exposition universelle de 1967 à Montréal demeure pour le Québec le plus beau joyau de son histoire contemporaine. Nous avons touché en cette année de fête de l'humanité, le zénith de nos plus grandes et légitimes espérances. Voilà ce qui fut si merveilleux [...]

— Marcel Dubé, «La tentation du grand large», dans Marcel Dubé et Yves Michaud (dir.), *Le Québec 1967-1987: le Québec du général de Gaulle au lac Meech*, 1987, p. 32-34

Vu l'ampleur historique de l'événement, ce n'était qu'une question de temps, à mon avis, avant que la littérature québécoise revienne sur l'été d'Expo 67 et s'en serve comme toile de fond pour raconter une belle histoire. C'est précisément ce que vient de faire Michel Tremblay dans son roman *Le cahier rouge*. La description d'Expo 67 qu'il nous livre à travers la plume de sa narratrice, la petite Céline, dès l'ouverture de l'ouvrage, offre plusieurs parallélismes avec celle de l'académicien précité :

> Avec ce cahier rouge tout neuf que je possède depuis plus d'un an et demi et auquel je n'ai pas encore touché, j'aurais le goût de raconter deux journées qui ont marqué cet été qui s'achève, celui de l'Exposition universelle, et que tous les Montréalais attendaient comme la promesse du paradis sur terre, avec ses événements de toutes sortes – culturels, sportifs, sociaux, simplement récréatifs – étalés sur une période de plusieurs mois et concentrés sur deux îles construites de main d'homme au beau milieu du fleuve, tirées de son lit pour recevoir les pavillons thématiques de tous les pays du monde. L'ouverture sur les autres que tout ça représentait, aussi, pour nous qui avons été élevés avec un effroyable complexe d'infériorité et qui ne pouvions pas imaginer jusque-là être le centre d'attraction de quoi que ce soit. Et, au bout du compte, la richesse, parce que cette exposition allait sans doute mettre Montréal sur la carte, c'est du moins ce que nous promettait le maire Drapeau, ce ratoureux de haute voltige.
>
> — Michel Tremblay, *Le cahier rouge*, 2004, p. 11

Expo 67 fut incontestablement l'une des expériences les plus mémorables de ma jeune existence. Quand j'y repense avec le recul des années, il me semble avoir passé toute la belle saison à découvrir Terre des Hommes. Pour ne pas gâcher la fête, même le temps s'était montré coopératif. Comment le sais-je, presque quarante ans après? Je me fie encore une fois à la petite Céline («à peine cinq pieds avec [ses] talons hauts»), hôtesse au Boudoir, «maison close pour hommes avertis», qui y va de quelques observations sur le temps et les gens en ce 25 juillet 1967, soit le lendemain de la visite fracassante du général de Gaulle! Et n'allez pas penser qu'elle parle «à travers son chapeau», son créateur ayant pris soin de consulter une abondante documentation sur l'Exposition universelle de 1967 :

> C'est vrai que nous avons un été exceptionnel. Dans tous les sens du mot. Il ne pleut presque jamais pendant cet énorme party que Montréal se paye depuis maintenant trois mois, il fait un temps ravissant, pas trop chaud, juste assez, la canicule, du moins jusqu'ici, n'a pas été écrasante, les nuits collantes sont rares, tout fonctionne à merveille, à l'Expo, mieux que ce qu'on prévoyait. En plus, les étrangers aiment notre ville, nous trouvent sympathiques – il faut passer au Boudoir vers deux heures du matin si on en veut une preuve flagrante –, Montréal explose en feux d'artifice quotidiens, croule sous les compliments, exulte, rose de plaisir, et remet ça chaque jour avec un évident bonheur. Que demander de plus à l'existence? (p. 21)

Il me semblait aussi qu'il fut beau à tout point de vue, cet été 1967! Lorsque les tourniquets cessèrent de tourner pour de bon le 27 octobre, j'avais non pas un mais deux passeports archi-remplis des tampons des différents pavillons. Que sont-ils devenus, ces précieux documents qu'aujourd'hui je prendrais plaisir à feuilleter comme on parcourt les pages d'un album de souvenirs?

Expo 67 fut d'autant plus mémorable pour moi que j'en étais à mes premières sorties non accompagné de mes parents. Je faisais la grande personne, seul ou avec mes frères, cousins ou amis. Au nombre de mes pavillons préférés il y avait celui des sciences, où des volontaires parmi les spectateurs étaient invités à monter sur scène pour servir de cobayes. Moi, je restais timidement à ma place et admirais de loin le « courage » de ceux et celles qui acceptaient de se prêter au jeu et d'être utilisés comme sujets d'expérience.

Un autre pavillon thématique était consacré à la santé. Celui-là me joua un vilain tour. Vite, vite, où sont les toilettes que je me passe de l'eau froide sur le visage! Ce n'est pas la température qu'il faisait à l'intérieur qui me donna une bouffée de chaleur, mais ce qu'on projetait sur le grand écran – un accouchement où aucun détail n'avait été épargné. L'hémoglobine coulait à flots et je me sentis soudain non seulement la figure en feu, mais le cœur en mal et les jambes en caoutchouc. Vite, vite, où sont les toilettes que je ne macule pas la moquette! Finalement je quittai le pavillon sans m'être évanoui ni avoir taché le tapis, mais il s'en fallut de peu. Si j'avais su quel rouge spectacle m'attendait dans cette enceinte médicale, je n'aurais pas avalé mon lunch avec autant d'appétit dans la file d'attente à l'entrée du pavillon, de peur qu'il retourne à l'envoyeur!

Autres souvenirs impérissables? L'architecture saisissante de certains pavillons nationaux. Sans doute a-t-on épargné les deux plus beaux en ne démolissant pas ceux des États-Unis et de la France. Le dôme géodésique transparent du pavillon américain, aujourd'hui réaménagé en biosphère, était percé en deux endroits pour laisser entrer et sortir le minirail, petit train suspendu qui parcourait le site de Terre des Hommes. Ce moyen de locomotion était particulièrement apprécié à la fin d'une longue journée, quand nous avions les jambes lasses à force de marcher de pavillon en pavillon, d'île en île. Maintenant reconverti en casino, le pavillon de la France, quant à lui, m'a toujours fait penser à un énorme paquebot immobile au bord des flots, avec ses ponts superposés et ses arêtes métalliques dressées verticalement en rangs serrés tout autour. Disons quand même un mot au sujet de notre pavillon national. Beau? Non, pas vraiment. Original? Oui, on peut dire que le pavillon du Canada le fut, avec son énorme pyramide à l'envers. Aujourd'hui disparu, se serait-il enfoncé la pointe la première dans le sol, comme la pyramide inversée du Louvre? Il faut dire que les pavillons n'avaient pas été conçus pour durer. Dommage.

J'ai retrouvé un vieil album de photos noir et blanc dans lequel on les voit tous les trois, ainsi que le gracieux pavillon de l'Allemagne, avec sa couverture en forme de tente de cirque à plusieurs pointes, l'imposant pavillon de l'URSS, avec ses parois toutes vitrées et son toit incurvé comme une rampe de ski, et le pavillon de la Grande-Bretagne, immense phare blanc avec une représentation de l'*Union Jack* sortant par une ouverture pratiquée à son sommet. Je me rappelle que je venais de recevoir mon appareil. Je faisais donc mes premières armes dans la photographie. C'était encore l'époque où les laboratoires de développement et de tirage imprimaient la date sur les photos. Ce détail n'est pas sans importance quarante ans ou presque plus tard, car il pallie les éventuels trous de mémoire. Ainsi mes photos portent-elles toutes la mention unilingue AUG 67 (c'était avant la loi 101), centrée en caractère gras dans la fine marge blanche du haut. À l'intérieur de l'épaisse page de couverture de l'album j'avais collé une grande photo couleur du site de l'Expo prise d'un avion (ou d'un hélicoptère – en tout cas, elle est aérienne). Ce qui me surprend en la revoyant maintenant, c'est à quel point, des deux îles, Notre-Dame était la plus peuplée en pavillons. Elle en était pour ainsi dire entièrement couverte, alors que seule l'extrémité ouest de sa jumelle, l'île Sainte-Hélène, abritait des pavillons de Terre des Hommes, l'extrémité est étant occupée par le parc d'attractions La Ronde, et le centre par le parc (espace vert) Hélène-de-Champlain.

Je ne suis pas le seul à avoir été frappé par la beauté du pavillon français et par la singularité, disons, du pavillon canadien. Monsieur Jodoin, le conducteur du minibus qui a emmené Céline et compagnie à l'Expo par une belle journée ensoleillée d'août 1967, fait tout pour se rendre serviable de peur d'être abandonné par le groupe :

J'peux vous être utile ! J'peux aller vous réserver une table dans un restaurant… J'peux vous faire visiter le pavillon de la France, j'y suis allé au moins cinq fois tellement c'est beau ! J'ai pas envie d'aller passer des heures à vous attendre quand je pourrais vous aider à passer une belle journée…

— Michel Tremblay, *Le cahier rouge*, 2004, p. 258

Et un peu plus loin, Céline décrit le spectacle qui s'offre à ses yeux (je trouve son jugement esthétique un peu sévère) :

Devant nous se dressait la construction la plus bizarre que j'avais jamais vue de toute ma vie : au-dessus de quatre ou cinq pyramides blanches en aluminium, d'ailleurs assez jolies, plutôt aériennes, on avait érigé une gigantesque pyramide brune, imitation bois, posée sur sa pointe et qui ressemblait plus à un entonnoir géant qu'à un pavillon d'Exposition universelle. C'était gros, haut comme un édifice de dix étages, c'était imposant, mais surtout affreux. (p. 276-277)

Expo 67, ce n'était pas la porte d'à côté pour le banlieusard que j'étais. De Chomedey, je devais d'abord prendre l'autobus jusqu'à la station de métro Henri-Bourassa, ensuite la ligne orange jusqu'à Berri-de-Montigny et enfin la ligne jaune jusqu'à la station Île-Sainte-Hélène. On dit que les voyages forment la jeunesse. Jamais ce proverbe n'aura été aussi vrai que pendant Expo 67. Au bout de ma traversée urbaine m'attendait la planète tout entière sur deux îles allongées côte à côte dans le sens du courant, l'une

(Notre-Dame) créée de toute pièce avec la terre et le roc provenant de l'excavation du métro de Montréal, l'autre (Sainte-Hélène) substantiellement agrandie par la même occasion. Et jamais les Montréalais ne se seront autant élargi l'esprit qu'en ce site enchanteur au milieu du Saint-Laurent.

Réciproquement, Expo 67 fut l'occasion pour le monde de faire connaissance avec Montréal. Et à supposer que ce ne fût pas suffisant pour faire de Montréal le centre incontesté de l'univers, le général de Gaulle se chargea du reste en poussant son cri entendu dans toutes les capitales internationales. Des millions de gens apprirent du jour au lendemain à pointer Montréal sur une carte géographique! Familialement parlant, nous avons vu défiler chez nous oncles, tantes, cousins, cousines tout au long de l'été. Où les loger? Je me souviens que j'avais dû prêter ma chambre à une tante parisienne, la rondelette Ginette. (Ne me demandez pas où je couchais, je n'en ai aucune idée; peut-être au jardin, sous la tente.) Un jour, la croyant sortie, j'étais entré sans cogner. Le cri qu'elle poussa était à vous déchirer les tympans! Je l'avais surprise en tenue d'Ève alors qu'elle était en train de se changer. Mais ces petits incidents cocasses rapprochent souvent les gens, et c'est royalement qu'elle me reçut chez elle deux ans plus tard lorsque je fis escale à Paris en route vers la Slovaquie, le pays d'origine de mon père. En fait, la Slovaquie formait à l'époque une union avec la Tchéquie. Je fais ce petit détour par l'Europe simplement pour vous dire que le pavillon tchécoslovaque fut l'un des plus courus d'Expo 67, juste derrière celui de l'URSS mais devant ceux des États-Unis et de la France. Son principal attrait : ses techniques audio-visuelles d'avant-garde et son cinéma expérimental. Mes souvenirs sont plutôt vagues, mais je me revois assis par terre devant une espèce de diaporama projeté sur une multitude de blocs qui avançaient et reculaient. Je me souviens confusément aussi d'une salle de cinéma où les spectateurs avaient leur mot à dire dans le déroulement du film, plusieurs fois interrompu pour nous permettre de décider de la suite.

Combien fûmes-nous à visiter Expo 67 ? Un peu plus de 50 millions selon les chiffres officiels, soit environ 275 000 entrées par jour pendant la durée de l'exposition. En admettant, à titre d'exemple, que le visiteur type ait franchi les tourniquets à cinq reprises (ma fréquentation fut beaucoup plus assidue, je l'ai déjà laissé entendre), cela voudrait dire qu'environ dix millions d'individus différents foulèrent le site de Terre des Hommes. Un petit bout d'humanité.

Mais tout n'était pas rose en 1967. La guerre du Vietnam battait son plein. Et sans qu'il soit nécessaire d'aller à l'étranger, Tremblay nous rappelle dans son *Cahier rouge* que des émeutes raciales avaient éclaté à Detroit pendant que Montréal était en fête. Je le dis dans mon poème, Terre des Hommes fut comme un beau rêve dans ce monde où la paix n'est que temporaire :

> L'écoulement du temps, d'ordinaire, n'est pas ressenti par les hommes. Ils vivent dans une paix provisoire.
> — Antoine de Saint-Exupéry, *Terre des hommes*, 1964, p. 96 [© 1939]

C'est tout sauf une coïncidence si les organisateurs d'Expo 67 retinrent comme thème le titre de l'ouvrage du célèbre romancier, poète et aviateur français, apôtre des liens fraternels qui nous unissent — ou plutôt qui devraient nous unir :

> Liés à nos frères par un but commun et qui se situe en dehors de nous, alors seulement nous respirons et l'expérience nous montre qu'aimer ce n'est point nous regarder l'un l'autre mais regarder ensemble dans la même direction. (p. 225)

> Pourquoi nous haïr ? Nous sommes solidaires, emportés par la même planète, équipage d'un même navire. (p. 233)

Si Saint-Exupéry avait été encore de ce monde en 1967 (né en 1900, il disparut en mission de guerre en 1944), peut-être est-ce à lui, plutôt qu'au gouverneur général de l'époque, Roland Michener, que serait revenu l'honneur de prononcer la phrase inaugurale : « Je déclare ouverte l'Exposition universelle et internationale de Montréal. » À tout le moins aurait-il compté parmi les dignitaires invités. Absent physiquement, il fut présent spirituellement…

REQUIEM

XVII

L'horizon était jaune, comme si, au delà, des forêts immenses brûlaient sans fin, tandis que des nuages, lourds de suie, se précipitaient déchaînés au-dessus des montagnes. Tout à coup, un éclair, décrivant un Z violet aux pointes de feu, fendit le nord, du faîte à la base, pour illuminer de splendeurs tout un pan du ciel. Presque en même temps, un coup de tonnerre précipitait du haut de l'espace sa cataracte de verre.

— Claude-Henri Grignon, *Un homme et son péché*, 1972, p. 40 [© 1933]

AVANT L'HEURE

À un ami disparu en montagne

Mon ami emporté avant l'heure, mon grand frère,
À la belle saison, dans ton Tennessee si cher,
Tu aimais à retourner pour les tiens revoir
Et entendre à nouveau l'accent de ton terroir.

Sur les bords du Mississippi long et tranquille,
Dans la ville qui évoque sa jumelle sur le Nil
Et qui, tel un pharaon, consacra Elvis,
Tu naquis, en amont du delta, à Memphis.

Dans une des deux Caroline voisines une montagne
Belle à gravir t'attendait ainsi qu'une compagne :
Rien ne laissait présager le sort malfaiteur…

Mais là-haut sur la cime il se mit à tonner
Et d'un éclair assassin tu fus foudroyé,
Mon ami, mon grand frère emporté avant l'heure.

~

Ce poème est dédié à la mémoire de mon ami et collègue Michael Canale, mort tragiquement dans un accident de montagne en 1989. Même s'il ne s'en était jamais ouvert à moi, je crois qu'il avait dû refuser d'accomplir ses obligations militaires et, comme tant d'autres jeunes Américains objecteurs de conscience, avait trouvé refuge au Canada. Ce devait être vers la fin de l'intervention américaine au Vietnam, c'est-à-dire vers 1973. Il avait élu domicile à Montréal pour y poursuivre des études de troisième cycle en linguistique à l'Université McGill, ce haut lieu du savoir dont le magnifique campus s'étend depuis la terrasse de la rue Sherbrooke jusqu'aux flancs de la montagne, en plein cœur de la ville:

> McGill est la plus vieille et aussi la plus belle
> Sagement installée au pied du mont Royal
> Dans des allures de château médiéval
> Avec ici et là quelques jolies tourelles
> — Jean O'Neil, « Universities », *Montréal by Foot*, 1983

C'est là, à McGill, où j'entamais une maîtrise dans le même département, que nos chemins se sont croisés pour la première fois, en 1975. Et c'est grâce à lui que, deux années plus tard, j'ai pu décrocher un emploi – mon premier – comme chercheur à l'Université de Toronto, où il avait été engagé au même titre l'année d'avant, en 1976. Je me souviens encore de notre brève rencontre dans les couloirs du département, alors qu'il était revenu en coup de vent à McGill pour passer l'examen obligatoire de compétence dans une troisième langue. Il m'avait interrogé sur ce que je comptais faire après la maîtrise et, voyant que je n'étais pas décidé à enchaîner avec un doctorat, il m'avait encouragé à poser ma candidature pour ledit poste de chercheur. C'est là enfin, dans la Ville reine, que les liens de notre amitié se sont resserrés.

Michael était l'illustration parfaite du proverbe latin *mens sana in corpore sano*: d'une intelligence vive, il ne négligeait pas pour autant la culture physique. Combien de fois les discussions théoriques entamées dans notre tour d'ivoire ne se sont-elles pas transportées sur le court de squash, sport que nous affectionnions autant l'un que l'autre. Apprise au retour de mes vacances estivales, la nouvelle de sa disparition brutale m'affecta profondément. Quelques mois auparavant, en décembre 1988, j'avais perdu mon emploi à la suite du non-renouvellement des crédits de recherche. À peine remis de ce choc, j'étais bouleversé par le décès de mon ami. Perdre son emploi, ce n'est rien finalement, on peut toujours en trouver un autre. Mais la vie, jusqu'à preuve du contraire, on n'en a qu'une.

Quelques détails seulement de la tragédie ont filtré[24]. Il faisait beau en bas dans la vallée avant d'escalader la montagne. Mais par un caprice du temps, des nuages orageux envahirent le sommet, coinçant Michael sur une saillie. Sous le choc de l'éclair meurtrier, il fut projeté dans le vide. Son corps ne fut récupéré que plus tard par une équipe de secouristes. Il m'arrive de penser encore à lui, et l'autre nuit, pour la première fois, il m'est apparu en songe. À défaut d'un signe de l'au-delà, d'une confirmation de l'hypothèse de la survie après la mort, j'ai vu dans ce rappel subconscient à mon souvenir une invitation à la poésie. Un jour, je me promets d'aller déposer mes

---

24. Je les tiens du frère de Michael, qui était avec lui ce jour-là. Il ne se souvient que vaguement des circonstances de l'accident, car il perdit connaissance après avoir été frappé par le même coup de foudre. Quand il revint à lui, Michael n'était plus à ses côtés…

vers sur sa tombe à Memphis, où il est né, au bord du Mississippi.

Michael s'était intéressé de bonne heure à la langue française, d'où peut-être son élection de Montréal comme ville d'exil. Peut-être aussi avait-il rencontré, au gré de ses lectures, ce beau poème de la littérature québécoise où l'auteur, à travers les yeux des deux hommes qui l'ont découvert en 1673, l'explorateur canadien Louis Jolliet (né à Québec, 1645-1700) et le père jésuite français Jacques Marquette (né à Laon, 1637-1675), imagine le majestueux cours d'eau qui arrose au passage Saint-Paul (Minnesota), Saint-Louis (Missouri), Memphis (Tennessee) et la Nouvelle-Orléans (Louisiane), avant de se jeter dans le golfe du Mexique par un vaste delta :

> Le grand fleuve dormait couché dans la savane.
> Dans les lointains brumeux passaient en caravane
> De farouches troupeaux d'élans et de bisons.
> Drapé dans les rayons de l'aube matinale,

Le désert déployait sa splendeur virginale
      Sur d'insondables horizons.
— Louis Fréchette, « La découverte du
Mississippi », *Fleurs boréales,* 1879

Afin d'honorer la mémoire de mon *collègue* fauché
par la montagne (c'est ainsi qu'il voulait mourir, en
faisant ce qu'il aime, m'avait-il confié un jour), j'ai
fouillé dans mes boîtes de rangement pour retrouver
les articles de recherche que nous avions écrits et
publiés ensemble, soit dans des revues ou dans des
actes de conférences. Qu'il me soit permis de dresser
ici la liste chronologique de trois d'entre eux, choisis
pour leur représentativité, et de les commenter plus
bas :

Canale, M., R. Mougeon et É. Beniak. « Acquisition
    of some grammatical elements in English and
    French by monolingual and bilingual Canadian
    students », *La Revue canadienne des langues
    vivantes,* vol. 34, n° 3, 1978, p. 505-524

Beniak, É., R. Mougeon et M. Canale. « Compléments
    infinitifs des verbes de mouvement en français
    ontarien », *Linguistische Berichte,* n° 64, 1979,
    p. 36-49

Mougeon, R., É. Beniak et M. Canale. « Acquisition
    du français en situation minoritaire : le cas des
    Franco-ontariens », *Le français dans le monde,*
    n° 185, 1984, p. 69-76

On voit que, un an après mes débuts à l'Université de Toronto en 1977, mon nom apparaissait déjà à la suite de ceux de Michael et de notre « patron » à tous les deux, le professeur Raymond Mougeon, autre grand amateur de squash[25]. Je leur dois beaucoup, à l'un et à l'autre. Ils ont été mes maîtres. Ce sont eux qui m'ont formé à l'écriture universitaire. La générosité dont ils ont fait preuve à mon égard contraste avec l'attitude égoïste de bien des universitaires pour qui un collaborateur « junior » ne mérite pas que son nom apparaisse après le leur, et encore moins avant. C'est ainsi que, dès l'année suivante, en 1979, Michael et Raymond me laissaient signer mon premier article en tant qu'auteur principal. La curiosité m'a poussé à le relire vingt-cinq ans après sa rédaction. Voyons ce que j'écrivais dans une vie (professionnelle) antérieure :

> Deuxièmement (*sic*), il est à noter que la coalescence du sens factif et intentionnel de POUR devant l'infinitif et après les verbes de mouvement en français ontarien aboutit à une ambiguïté sémantique. Dans la mesure où cette ambiguïté pourrait gêner la communication, on peut s'attendre à ce que le système procède à une intervention thérapeutique qui pourrait prendre la forme d'une structure compensatrice telle la proposition coordonnée à verbe fini présentée plus haut. Nous avons du reste noté quelques exemples de cette

25. Une mauvaise blessure au tendon d'Achille m'a contraint à abandonner ce sport. Achille, c'est ce héros légendaire grec qui fut mortellement atteint par une flèche empoisonnée au seul endroit vulnérable de son corps. Vous devinez lequel…

construction compensatrice dans le discours de nos sujets franco-ontariens. Toutefois, on doit admettre que la langue anglaise semble s'accomoder (*sic*) de l'ambiguïté sémantique de la préposition TO après les verbes de mouvement.

— Édouard Beniak, Raymond Mougeon et Michæl Canale, *Linguistiche Berichte,* n° 64, 1979, p. 45-46

Je *vous* excuse, chers lecteurs, de ne pas saisir grand-chose à ce passage sélectionné exprès pour son herméticité (et je *m*'excuse pour la coquille et les «fôte dortograf»). Vu les années écoulées depuis mon «décrochage» du milieu universitaire, j'ai dû moi-même «m'accrocher» pour en déchiffrer le sens. Et voilà, chers concitoyens, à quoi ont servi une partie de vos impôts à l'époque, à payer les ruminations intellectuelles d'un jeune chercheur montréalais échoué à Toronto. Encore heureux que le gouvernement m'ait coupé les vivres au bout de dix ans! Je vous vois d'ici vous grattant la tête: «À quoi peut bien servir ce genre de recherches et d'écrits-là?» À cela le chercheur universitaire a trouvé une parade toute faite: «Ça sert à faire avancer les connaissances.» De même qu'il n'y a pas de sot métier, il n'y a pas d'inutile savoir…

L'année 1984 aura été celle de ma dernière collaboration écrite avec Michael qui, poursuivant son ambition, avait assumé la direction de sa propre équipe de recherche, tandis que je demeurais dans celle du professeur Mougeon. Merci encore, Michael, de m'avoir si gentiment aidé à mes débuts dans la profession. Comment deviner que quelques années plus tard tu ne serais plus avec nous ? Ainsi, toi qui, en d'autres circonstances, aurais pu donner ta vie pour elle, tu es retourné, sans le savoir, mourir dans ta patrie, où *d'un éclair assassin tu fus foudroyé, / Mon ami, mon grand frère emporté avant l'heure.*

XVIII

Alors quoi? Qu'est-ce qui nous reste? Il nous reste deux choses qui nous justifient d'exister et d'encore combattre: l'espérance et l'amour. J'ajoute, sans rire, l'humour, fine fleur de la culture humaine et peut-être dernier mot de la sagesse. L'espérance malgré tout, l'amour malgré tous et l'humour à cause de tout. C'est cette espérance qui berçait l'âme si douce du poète Rabindranah Tagore: «Je sais qu'un soir obscur d'un jour quelconque, le soleil me dira son dernier adieu. Et je fais cette prière: puissé-je savoir avant de la quitter, pourquoi cette terre m'a pris dans ses bras.»

— Doris Lussier, «L'humour et la vérité», *Nouveau Dialogue,* mars 1985, p. 14

ZIGZAGS POUR DORIS
À Doris Lussier, alias père Gédéon

Doris, toi qui ta Beauce avec Alice,
 À l'époque de Duplessis, Maurice,
  As quittée pour qu'en *humorisse*
   À Montréal ils te convertissent;

  Doris, toi le profond *humanisse*
  Pour qui cette vie est un supplice
 Si ce n'est pour que l'on en jouisse
Et que le bonheur on accomplisse;

Doris, toi qui de la chère lectrice,
 Du cher lecteur as fait tes complices
  Pour qu'à travers tes écrits propices
   L'un comme l'autre s'enrichissent;

Doris, toi le philosophe dont j'ai
    L'œuvre tardivement rencontrée
  Et qui par ta très humaine pensée
Au fond de mon âme m'as touché ;

Doris, toi que depuis toujours l'idée
    De retrouver là-haut dans l'éternité
      Ton fils bien-aimé, ton doux aîné,
        Ton immense douleur a consolée ;

      Doris, toi que la gloire a consacré
    Et fait trôner au sommet Trinité[26],
  Pourquoi si vite nous as-tu laissés,
Pourquoi si vite nous as-tu quittés ?

∿

---

26. Un des sommets du mont Saint-Bruno, sur les flancs
duquel s'est développé un quartier résidentiel très chic, genre
Westmount. Les Lussier furent parmi les tout premiers à s'y
faire construire une belle demeure.

J'ai connu Doris et sa femme Alice à travers mes parents, dont l'amitié avec les Lussier remonte aux années 1950, alors que les deux jeunes ménages, depuis peu installés à Montréal, se trouvaient à habiter le même immeuble, avenue Davaar, à Outremont. Bien sûr, j'étais encore beaucoup trop jeune pour prêter une oreille attentive aux propos toujours édifiants de Doris, qui aimait à discuter de choses sérieuses avec mon père, tout aussi féru de philosophie que lui. Ce poème exprime mon regret de ne pas avoir eu la chance de m'entretenir avec Doris quand, à mon tour, j'ai atteint l'âge de la raison… et de la conversation. C'est la route de l'exil torontois en 1977 qui m'en a empêché et, quand je suis revenu pour de bon à Montréal en 2001, Doris n'était déjà plus (1918-1993). Derrière le personnage public de l'humoriste déguisé en père Gédéon[27] se cachait un homme privé profondément humaniste, dont la citation ci-dessous résume tout à fait la pensée :

> Ma prière, c'est celle-ci : « Frères humains, croyants, agnostiques ou athées, puisque la lumière de nos intelligences n'est pas assez forte pour nous permettre de voir clairement la vérité ici-bas, qu'au moins la chaleur de nos cœurs le soit assez pour nous permettre de cheminer ensemble sur cette terre ingrate et somptueuse dans une fraternité qui, nous faisant surmonter nos divergences idéologiques, nous rassemble dans l'amour universel et inconditionnel des hommes fragiles que nous sommes tous. Nous ne sommes que nous, et pour

----

27. La caricature de Doris en père Gédéon a été retrouvée par Alice dans les archives de son mari. Je la reproduis ici avec sa permission et en la remerciant chaleureusement.

si peu de temps; pourquoi ne trouverions-nous pas dans la générosité de nos cœurs la consolation de ce qui manque à la puissance de nos esprits?»

Croissance humaine avec ou sans Dieu? Je réponds: les deux. Croître, c'est grandir. Et nous ne pourrons jamais grandir si nous excluons les hommes de notre amour sous prétexte qu'ils ne pensent pas l'univers comme nous. La seule solution à tous nos problèmes de foi, c'est l'amour.

Je nous aime.

— Doris Lussier, « L'humour et la vérité », *Nouveau Dialogue,* 1986, p. 14

Je crois que Doris m'en voudrait de ne montrer de lui que le côté grave. Comme Mme de Girardin qui, dans ses *Lettres parisiennes,* a écrit que «la vérité est dans le rire» (19 juillet 1837), il était d'avis que la vérité peut se dire sous le couvert du sourire. Voici donc quelques perles d'humour (sur la croyance ou non de l'homme en Dieu) que Doris avait glanées au hasard de ses nombreuses lectures et qu'il prenait plaisir à citer (1985, p. 11):

Je n'ai pas d'objection à ce qu'il y ait un Paradis… à condition qu'il y ait des filles!
— Woody Allen, humoriste et cinéaste américain

Voyons donc! Si Dieu n'existait pas, comment aurait-il eu un Fils?

— Aurélien Scholl, théologien scolastique
Je suis athée, Dieu merci!

— Miguel de Unamuno, écrivain espagnol

Et celle-ci de Doris lui-même (1985, p. 13) :

> Devant le pari de Pascal, le croyant dit : « Je gage que
> Dieu existe ». L'incroyant dit : « Je gage qu'il n'existe
> pas ». Et l'agnostique : « Moi, je ne gage pas ».

Repoussées le temps de quelques pensées humo-
ristiques, les choses graves reviennent aussitôt à
la charge. La fatalité a voulu que la vie de Doris et
d'Alice soit marquée par le plus grand malheur qui
puisse arriver à des parents, la perte d'un enfant,
leur fils aîné Jean. Une telle épreuve peut miner la
foi la plus inébranlable en Dieu.

Mais quelque chose me dit que Doris a remporté le pari du croyant et que, rencontrant Dieu, il a retrouvé Jean, comme Hugo a rejoint Léopoldine. Et Jean, heureux dans les cieux comme il ne le fut jamais sur terre, a souri de bonheur à la vue du père Gédéon se présentant devant le Père tout-puissant…

XIX

Oh ! combien de marins, combien de capitaines
Qui sont partis joyeux pour des courses lointaines,
Dans ce morne horizon se sont évanouis !
Combien ont disparu, dure et triste fortune !
Dans une mer sans fond, par une nuit sans lune,
Sous l'aveugle océan à jamais enfouis !
— Victor Hugo, « Oceano nox », *Les rayons
et les ombres*, 1840

TRISTES RETROUVAILLES
À un ami disparu en mer

La mer un jour ou l'autre exerce des représailles,
Engloutissant au plus profond de ses entrailles
Le marin solitaire qui lui livre bataille
Avec pour seule arme son dérisoire gouvernail.

La furie des éléments, bien plus vaillamment
Que des armateurs les imposants bâtiments,
Lestés à ras bords de leurs pesants chargements,
Tu bravas avant que t'engouffrât l'océan.

Dans le cimetière sous-marin où ta vie s'est close,
Au fond du gouffre obscur où maintenant tu reposes,
Tu trônes parmi les êtres et ton voilier, les choses.

Puisque mort sans funérailles, mon ami, mon frère,
À toi dont l'affection me fut jadis si chère,
Je dédie tristement cette funèbre prière.

~

J'ai composé ce poème à la mémoire d'un ami
d'adolescence, le skipper montréalais Gerry Roufs,
porté disparu le 8 janvier 1997 lors du Vendée Globe
Challenge, course à la voile (monocoque) en solitaire
autour du monde, sans escale et sans assistance. C'est
ce jour-là que la balise Argos de son voilier *Groupe
LG* cesse d'émettre. La dernière position connue du
bateau est 55° de latitude sud par 124° de longitude
ouest. Si vous vous donnez la peine de repérer cette
position sur un globe terrestre, vous verrez que Gerry
naviguait à ce moment-là dans les eaux australes
entourant le continent Antarctique, dans une zone
surnommée « le trou », tellement reculée qu'aucun
moyen de secours (avion, bateau, etc.) ne peut intervenir pour y sauver un marin en perdition. Seul espoir :
être récupéré par un autre concurrent. Naviguant
dans la même zone, où les vagues sont hautes comme
des montagnes, Isabelle Autissier tente le tout pour le
tout pour retrouver Gerry. Exténuée, et courant elle-

même d'énormes risques, elle doit finalement mettre fin à ses recherches, la mort dans l'âme. On a fini par repérer *Groupe LG* au large des côtes chiliennes en juillet 1997. Le bateau était renversé mais semblait encore capable de flotter. Malheureusement, il a sombré dans une tempête avant d'avoir pu être récupéré. Et en septembre, l'épave a été retrouvée échouée sur le rivage. Le départ de la course avait été donné le 3 novembre 1996, aux Sables d'Olonne, sur la côte atlantique française. Gerry venait de fêter ses 43 ans. C'était son premier Vendée Globe, lui qui avait déjà 18 traversées de l'Atlantique à son palmarès.

J'ai fait la connaissance de Gerry au collège Stanislas au milieu des années 1960. Nous avons tout de suite noué une amitié complice favorisée par notre bilinguisme réciproque (j'avais fait l'école élémentaire en anglais, et lui avait dû faire de même, si bien que nous parlions entre nous la langue de Shakespeare dans cet établissement «privé de France»). Mais comme cela arrive si souvent aux jeunes collégiens, nous nous sommes perdus de vue (je ne me rappelle plus si c'était avant ou après le bac), et il aura fallu la tragique nouvelle de sa disparition en mer (largement diffusée par les divers médias) pour que je retrouve sa trace, après une trentaine d'années. Tristes retrouvailles.

La nouvelle de sa disparition a touché bien des gens des deux côtés de l'Atlantique, y compris dans le milieu artistique. En 2000, dans son album *Entre tout et moi*, le chanteur montréalais Jim Corcoran lui a rendu un touchant hommage avec une composition intitulée «L'aube tarde», dont voici le premier couplet :

Accosté au vide devant
Le doute en soute on tangue
Prendre la mer, tenir la mer
L'aube tarde
Where are you Gerry Roufs?

La mer meurtrière est un thème qu'ont souvent repris les poètes. À côté du célèbre poème de Hugo en épigraphe, on pense évidemment à celui non moins fameux, de Rimbaud :

La tempête a béni mes éveils maritimes.
Plus léger qu'un bouchon j'ai dansé sur les flots
Qu'on appelle rouleurs éternels de victimes,
Dix nuits, sans regretter l'œil niais des falots !
— Arthur Rimbaud, « Le bateau ivre », *Poésies,* 1871

Le souvenir que je garde de Gerry est celui d'un jeune homme passionné et, il faut le dire, un peu casse-cou sur les bords. Si la voile était sa passion estivale, le ski est le sport qui l'emballait pendant la saison hivernale. Je me rappelle une sortie scolaire à Owl's Head dans les Cantons de l'Est où, après avoir pris le remonte-pente ensemble, je n'ai plus revu Gerry de la journée : je n'arrivais pas à suivre ce kamikaze qui dévalait les pentes à tombeau ouvert ! Aussi n'ai-je aucun mal à l'imaginer filant sur les flots, toutes voiles dehors, devant les autres « conquérants de l'inutile », comme on se plaît parfois à appeler les navigateurs solitaires. Gerry aura réussi à contourner deux des trois mythiques caps tempêtes (Bonne-Espérance et Leeuwin). Il allait franchir le dernier, le cap Horn, quand les éléments en ont décidé autrement. Ses deux objectifs avoués étaient de finir la course et, si possible, de la gagner. Hélas, quand on s'embarque dans la course à la voile la plus dure au monde, survivre est déjà un but en soi. Et pour survivre, la fuite est parfois la seule issue :

> Quand il ne peut plus lutter contre le vent et la mer pour poursuivre sa route, il y a deux allures que peut encore prendre un voilier : la cape (le foc bordé à contre et la barre dessous) le soumet à la dérive du vent et de la mer, et la fuite devant la tempête en épaulant la lame sur l'arrière avec un minimum de toile. La fuite reste souvent, loin des côtes, la seule façon de sauver le bateau et son équipage. Elle permet aussi de découvrir des rivages inconnus qui surgiront à l'horizon des calmes retrouvés. Rivages inconnus qu'ignoreront toujours ceux qui ont la chance apparente de pouvoir suivre la route des cargos et des tankers, la route sans imprévu imposée par les compagnies de transport

maritime. Vous connaissez sans doute un voilier nommé « Désir ».

— Henri Laborit, « Avant-propos », *Éloge de la fuite*, 1976

Les disparus en mer ont-ils droit à une sépulture malgré l'absence de dépouille mortelle ? Longtemps après avoir écrit cet hommage à Gerry, j'apprenais, par l'entremise d'un court mais poétique article de journal, que son nom figure parmi les personnages célèbres « inhumés » dans un des cimetières du mont Royal :

> En cas de spleen automnal aigu, un remède s'impose, un seul, et il est souverain : s'y complaire. Pour cela, une looongue promenade au cimetière Notre-Dame-des-Neiges fait merveille. Le parc est immense, tranquille par définition (!), planté d'arbres splendides parfois plus que centenaires et sillonné de jolis chemins tortueux où il fait bon se perdre. [...] Au hasard d'une allée, vous tomberez peut-être sur la sépulture de quelque personnage célèbre – Guy Sanche, Idola St-Jean, Émile Nelligan, Mary Travers, Gerry Roufs, choisissez votre héros : le cimetière en recense 320. – Fabienne Couturier, « Paradis terrestre », *La Presse 2*, semaine du 14 au 20 octobre 2004, p. 24

C'est donc par une splendide fin de journée automnale (samedi 23 octobre 2004) que je suis allé sur la tombe symbolique de mon ami[28]. Je lui ai lu mon triste poème et lui ai fait un brin de conversation en anglais, comme à l'époque du collège Stanislas. Il devait être

---

28. Si vous avez l'impression d'avoir déjà vu la date, vous ne vous trompez pas. C'est ce même jour que, après m'être recueilli au cimetière, j'ai continué ma route jusqu'au belvédère du mont Royal (voir XI, *Vague à l'âme automnal*).

environ quatre heures de l'après-midi. Le soleil était déjà assez bas sur l'horizon, et bientôt les gardiens postés aux portes grillagées du cimetière ne laisseraient plus entrer les visiteurs. Je suis resté encore un moment à m'imprégner de la « tristesse des lieux » :

> La tristesse des lieux sourit, l'heure est exquise.
> Le couchant s'est chargé des dernières couleurs,
> Et devant les tombeaux, que l'ombre idéalise,
> Un grand souffle mourant soulève encor les fleurs.
> — Alfred Garneau, « Devant la grille du cimetière »,
> *Poésies*, 1906

Sur la pierre tombale de son fils, sa mère a fait graver, entre l'image d'un voilier fendant les flots et la représentation des éléments (soleil, vent, nuages) :

À LA MÉMOIRE DE
GÉRARD ROUFS
DISPARU
TRAGIQUEMENT EN MER
DANS LE PACIFIQUE SUD
2 NOV. 53 - 7 ? JANV. 97
SA MÈRE
SUZANNE LANDAU
3 JUILLET 1999

La dernière date est significative. Au bout de deux ans et demi de vaines recherches, la famille a dû se rendre à la douloureuse évidence que le silence de Gerry serait éternel. Que tu reposes en paix dans ton cimetière sous-marin, cher ami retrouvé et aussitôt disparu…

Décédée en 2004, ma tante Marie-Hélène aimait raconter que, du temps où était elle infirmière à bord des luxueux paquebots de la Compagnie générale transatlantique, la « Transat », elle avait un jour soigné le beau Clark Gable ! Les grands navires de la Transat ne faisaient pas que la traversée entre New York et Le Havre, leur port d'attache. Ils partaient aussi en croisière dans les mers du sud, mouillant l'ancre à Miami, à Fort-de-France, à Rio de Janeiro. À cette vie de rêve ma tante a renoncé, à cause de moi. Je m'explique. Elle avait tenu à être à Montréal pour ma venue au monde, afin de seconder sa petite sœur et prêter assistance au médecin accoucheur.

(Prenant exemple sur la sienne, ma mère trouvait tout naturel de donner naissance à la maison.) Ma tante n'est jamais repartie par la suite, malgré le froid et la neige ! C'est pourquoi j'ai toujours éprouvé une affection reconnaissante pour celle qui m'a vu naître et qui, si elle ne s'est jamais mariée, a été comme une seconde mère pour moi. Je ne sais plus qui a dit un jour que le dévouement était plus fort que l'intérêt. La vie de ma tante en fut une parfaite illustration, elle qui subordonna son bonheur à celui des autres.

Si j'avais à choisir un pseudonyme littéraire, ce serait Courteville, le nom de jeune fille de ma mère. Je le trouve d'autant plus joli qu'il est rare. L'annuaire de Montréal (édition de décembre 2000-2001) n'a qu'une entrée à ce nom, à savoir : *Courteville M H 3440 Durocher......844-4298.* C'est quelqu'un que vous connaissez puisqu'il s'agit, vous l'avez deviné, de ma tante Marie-Hélène ! Le nom Courteville est plus répandu en Normandie, province natale de ma mère et de ma tante – et province d'origine des ancêtres de nombreux Québécois. Ma tante habitait déjà son appartement de la rue Durocher quand j'ai quitté le foyer familial pour aller m'installer dans la rue voisine, Hutchison, le temps de faire ma maîtrise à l'Université McGill. Nos immeubles étaient pratiquement vis-à-vis l'un de l'autre. Pour laver mon linge, c'était pratique, je n'avais qu'à passer par la rue Sherbrooke et monter à son étage, le 14e.

Puisque je vous parle d'histoires de famille et de noms de plume, j'avais un oncle, Raymond Courteville, qui courtisait les muses à ses heures. Mais timide et effacé de nature, il n'a jamais cherché à donner à sa poésie la vitrine qu'elle aurait pourtant méritée. J'ai donc voulu lui rendre un hommage posthume en reprenant ci-dessous ses deux variations poétiques sur le thème de la « fileuse de laine », de la « tisserande de charmes », comme il aimait appeler sa petite sœur Germaine, ma mère. Artiste, elle a eu, alors que nous habitions Chomedey, une période « tapisseries », certaines faites avec de la laine qu'elle avait elle-même cardée et filée.

LES ARPÈGES DE LAINE
De Raymond Courteville

I

Musique des couleurs, où tremble l'air du temps,
Avec l'horizon bleu, sans fin, d'un ciel hellène,
Voici les matins clairs, les ramages d'antan,
Et les érables d'or ourlant la longue plaine.

De la fresque neigeuse et souple, moi j'entends
Couler le Saint-Laurent aux rives de Verlaine,
Et j'aime la chanson grave de vos printemps,
Dame de Chomedey aux arpèges de laine.

II

Fresque moelleuse et souple, elle offre à l'air du temps,
Dans les replis soyeux de ses ruisseaux de laine,
Avec les matins clairs et les rires d'antan,
Le long frémissement de la tendresse humaine.

Tes doigts savent lier l'espace avec le temps,
Glissant de Montréal aux rêves de Verlaine ;
Et j'aime le secret profond de tes printemps,
Dame de Chomedey aux arpèges de laine.

Parmi mes ancêtres Courteville, il en est un qui a porté
son nom avec panache! Si vous vous amusez à faire une
recherche patronymique sur Internet, vous tomberez
inévitablement sur mon grand-oncle Roger Courteville,
explorateur des jungles de l'Amérique du Sud! Il a relaté
ses fabuleux exploits dans une série de publications dont
voici les principales par ordre chronologique:

Roger Courteville. *Du Brésil au Pérou : la première traversée de l'Amérique du Sud en automobile, de Rio de Janeiro à Paz de Lima,* Paris, Plon, 1930, 295 p. (réédité en 1954)

Roger Courteville. *Le Matto-Grosso,* Paris, Payot, 1938, 236 p.

Roger Courteville. *5.000 kilomètres en Amazonie : vers les sources de l'Amazone,* Paris, Flammarion, 1946, 216 p.

Roger Courteville. « Un drame dans l'Amazone », *Journal des voyages,* 8 mai 1947, 3 p.

Roger Courteville. *Avec les Indiens inconnus de l'Amazonie,* Paris, Amiot-Dumont, 1951, 189 p.

La voiture mythique utilisée pour la traversée de l'Amazonie n'a pas été rapatriée en France, mais laissée sur place, où, paraît-il, elle est en montre dans un musée de Lima. Si par hasard vous avez l'occasion de vous rendre là-bas avant moi, allez donc saluer la mémoire de mon grand-oncle de ma part !

Ces récits d'aventures nous ont éloignés de Montréal, il est vrai. Mais il ne s'agit que de la ~~pieuvre~~ oups ! preuve finale, s'il était encore besoin de la faire, que Montréal est une ville aux ramifications tentaculaires, une ville, pour tout dire, ouverte sur le monde.

ABSOLUTION

J'en ai terminé avec mes *Confessions montréalaises*. Quand je repense à tout le chemin parcouru, j'ai comme l'impression d'avoir répondu, à ma manière à moi, à l'appel lancé par la romancière, Monique Proulx, dans la note liminaire de son album *Montréal, Montréal* paru en 2002, même si je n'en ai pris connaissance qu'une fois mon propre travail déjà bien avancé :

> *Cet ouvrage*
> *est le fruit de ferveurs personnelles*
> *et de*
> *subjectivités totales.*
> *Il n'entend donc pas donner*
> *un portrait exhaustif de Montréal.*
> *Comme il y a mille Montréal,*
> *neuf cent quatre-vingt-dix-neuf*
> *restent encore à décrire.*
>
> *Peut-être par vous.*

Si donc je n'ai pas attendu cette belle exhortation pour « m'embarquer » dans *ma* description de Montréal, il n'en demeure pas moins qu'elle m'a conforté dans le bien-fondé de ma démarche, et m'a encouragé à aller jusqu'au bout de ma route. Et j'ajouterais que je me suis senti très proche de l'état d'esprit qui a dû animer la romancière et son collaborateur, le photographe Benoît Chalifour.

Ayant pris leur relais, je passe à mon tour le flambeau, comme les coureurs antiques qui se transmettaient la torche de main en main. Le compteur est maintenant à 998. Montréal, malgré ses apparences de jeune cité du Nouveau Monde, a noué des liens avec l'antiquité grecque lorsqu'elle s'est muée en ville olympique le temps d'un été, en 1976. Mais que celui ou celle qui prendra ma relève ne se sente aucunement obligé(e) de faire comme ce soldat (auquel je m'identifie) qui courut d'un village de l'Attique à la capitale hellénique pour porter la nouvelle de la victoire du général Miltiade sur les Perses en l'an 490 av. J.-C. Car on sait quel sort frappa le pauvre messager. Au bout de sa course ininterrompue de 42 km et des poussières entre Marathon et Athènes, il eut tout juste le temps de dire d'une voix entrecoupée : « Nous avons remporté la victoire ! » Ce souffle fut son dernier. J'avoue que, par moments, j'ai désespéré de ne jamais franchir la ligne d'arrivée. À l'écriture marathon nul n'est tenu !

Après la confession vient l'absolution. Mais à qui demander pardon ? Et pour quoi ? À ma ville natale, Montréal, ma fidèle Muse. Pour l'avoir trahie jadis, en la quittant pour Toronto, moi le Judas.

Que ce livre qui met fin à ma trilogie montréalaise soit aussi la fin de ma pénitence, comme le mal de Montréal en a été le début. Et puissé-je enfin, par cette double punition, avoir expié ma trahison. À tout péché, miséricorde…

BIBLIOGRAPHIE

Asher, Stanley. « Le Montréal de Mordecai Richler », visite guidée, dimanche 8 juin 2003

Aubin, Sophie et **Vicky Lacharité.** *Je connais Montréal,* Montréal, Les Intouchables, 2002

Baudelaire, Charles. « L'albatros », « Chant d'automne », *Les fleurs du mal,* Paris, Garnier, 1957 [© 1857]

Beausoleil, Claude. *Montréal est une ville de poèmes vous savez,* Montréal, L'Hexagone, 1992

Beniak, Édouard, Raymond Mougeon et **Michael Canale.** « Compléments infinitifs des verbes de mouvement en français ontarien », *Linguistische Berichte,* n° 64, 1979, p. 36-49

Bérubé, Nicolas. « Au nom du père, du fils et du Wilensky », *La Presse,* vendredi 16 août 2002, p. B5

Brunet, Pierre Philippe et **Jean O'Neil.** *Les couronnements de Montréal,* Montréal, Hurtubise, 2002

Canale, Michael, Raymond Mougeon et **Édouard Beniak.** « Acquisition of some grammatical elements in English and French by monolingual and bilingual Canadian students », *La Revue canadienne des langues vivantes,* vol. 34, n° 3, 1978, p. 505-524

Chapleau, Serge. « Le modèle québécois », caricature, *La Presse,* jeudi 26 juin 2003, p. A17

Chevalier, Richard. « Quand l'exercice monte à la tête », *La Presse,* dimanche 22 février 2004, Actuel, p. 6

Claudel, Paul. « Préface », *Œuvres de Arthur Rimbaud,* Paris, Mercure de France, 1945

Corcoran, Jim. « L'aube tarde », *Entre tout et moi,* Audiogram, 2000

Courteville, Roger. *Du Brésil au Pérou : la première traversée de l'Amérique du Sud en automobile, de Rio de Janeiro à Paz de Lima,* Paris, Plon, 1930

Courteville, Roger. *Le Matto-Grosso,* Paris, Payot, 1938

Courteville, Roger. *5 000 kilomètres en Amazonie : vers les sources de l'Amazone,* Paris, Flammarion, 1946

Courteville, Roger. « Un drame dans l'Amazone », *Journal des voyages,* 8 mai 1947

Courteville, Roger. *Avec les Indiens inconnus de l'Amazonie,* Paris, Amiot-Dumont, 1951

Couturier, Fabienne. « Paradis terrestre », *La Presse 2,* semaine du 14 au 20 octobre 2004, p. 24

Daoust, Jean-Paul. « Montréal a les yeux gris », *Montréal des écrivains,* 1988 [cité dans Beausoleil, 1992]

Dickens, Charles. *American Notes for General Circulation,* 1842

Dor, Georges. « Montréal », *Poèmes et chansons,* 1971 [cité dans Beausoleil, 1992]

Dubé, Marcel. « La tentation du grand large » [dans Dubé et Michaud, 1987, p. 32-34]

Dubé, Marcel et **Yves Michaud.** *Le Québec 1967-1987: le Québec du général de Gaulle au lac Meech,* Montréal, Guérin, 1987

Dylan, Bob. « Like a Rolling Stone », *Highway 61 Revisited,* Columbia, 1965

Dylan, Bob. « Things Have Changed », *The Essential Bob Dylan,* Columbia, 2000

Ferland, Albert. « Le poète, la ville », « Les fondateurs de Ville-Marie », « Prosopopée de Montréal », *Montréal, ma ville natale. De Ville-Marie à nos jours,* 1946 [cité dans Beausoleil, 1992]

Fortin, Jean-Philippe. « Pas d'été des Indiens? », entretien avec le climatologue Nicolas Major, *La Presse,* lundi 6 octobre 2003, p. B7

Francœur, Lucien. « Dans le drame rimbaldien, la poésie sort gagnante », *La Presse,* dimanche 10 novembre 1991, p. C1 et C2

Fréchette, Louis. « La découverte du Mississippi », *Fleurs boréales,* 1879 [cité dans Mailhot et Nepveu, 1986]

Garneau, Alfred. « Devant la grille du cimetière », *Poésies,* 1906 [cité dans Mailhot et Nepveu, 1986]

Gaulle, Charles de. « Vive le Québec libre! », *Discours et Messages,* t. 5, Paris, Plon, 1970, p. 191-192

Gaulle, Philippe de. *De Gaulle, mon père,* entretiens avec Michel Tauriac, Paris, Plon, 2003

Godbout, Jacques. « Histoires de famille », *L'actualité,* 1er avril 2004, Livres, p. 55-56

Grignon, Claude-Henri. *Un homme et son péché,* Sainte-Adèle, Grenier, 1972 [© Montréal, Totem, 1933]

Guy, Chantal. « Les contemplations de Philippe Noiret », entretien avec Philippe Noiret, *La Presse,* dimanche 14 septembre 2003, p. E8

Halpern, Sylvie. « Revenir aux sources », entretien avec Robert Charlebois, *Sélection du Reader's Digest,* Montréal, juin 2002, p. 84-91

Hémon, Louis. *Maria Chapdelaine,* Montréal, Guérin, 1998 [© Montréal, J.-A. Lefebvre, 1916]

Hétu, Richard. « Les pires amis du monde », *La Presse,* samedi 15 février 2003, p. B1 et B2

Hugo, Victor. « Oceano nox », *Les rayons et les ombres,* 1840 [cité dans *Les plus belles pages de la poésie française,* 1982]

Hugo, Victor. « Préface », « À Villequier », *Les contemplations,* Paris, Nelson, 1934 [© 1856]

Jésus Marie et Notre Temps, n° 347, juillet 2002

La Bruyère, Jean de. « Des femmes », *Les caractères,* 1688 [cité dans Maloux, 1980]

La Rochefoucauld, François de. *Réflexions ou sentences et maximes morales,* 1665 [cité dans Maloux, 1980]

Laborit, Henri. *Éloge de la fuite,* Paris, Robert Laffont, 1976

Laborit, Henri. *Dieu ne joue pas aux dés,* Paris, Grasset et Montréal, L'Homme, 1987

Lamartine, Alphonse de. « L'automne », *Méditations poétiques,* 1820 [cité dans *Les plus belles pages de la poésie française,* 1982]

Le défi Richler, symposium, L'Institut d'études canadiennes de McGill, jeudi 18 et vendredi 19 mars 2004

Leconte de Lisle (Charles Marie Leconte, dit). « Le vent froid de la nuit », *Poèmes barbares,* 1862 [cité dans *Les plus belles pages de la poésie française,* 1982]

Les plus belles pages de la poésie française, Paris, Sélection du Reader's Digest, 1982

Lévy, Élias. « De Gaulle et le Québec : de la " France libre " au " Québec libre ! " », entretien avec Philippe de Gaulle, *La Presse,* dimanche 4 avril 2004, Lectures, p. 7

Lozeau, Albert. « À l'automne », *Le miroir des jours,* 1912 [cité dans Mailhot et Nepveu, 1986]

Lussier, Doris. « L'humour et la vérité », *Nouveau Dialogue,* mars 1985, p. 10-14

MacLennan, Hugh. *Deux solitudes,* Montréal, Hurtubise, 1978 [© *Two Solitudes,* Toronto, Macmillan, 1945]

Mailhot, Laurent et Pierre Nepveu. *La poésie québécoise des origines à nos jours,* Montréal, Typo, 1986

Maloux, Maurice. *Dictionnaire des proverbes, sentences et maximes,* Paris, Librairie Larousse, 1980

Marchand, Clément. «Soir à Montréal», *Les soirs rouges,* 1930 [cité dans Beausoleil, 1992]

Mougeon, Raymond, Édouard Beniak et Michael Canale. «Acquisition du français en situation minoritaire: le cas des Franco-ontariens», *Le français dans le monde,* n° 185, 1984, p. 69-76

Multidictionnaire de la langue française [voir Villers, 1997]

Musset, Alfred de. «Nuit de mai», *Poésies nouvelles,* 1835-1837 [cité dans *Les plus belles pages de la poésie française,* 1982]

Narrache, Jean. «Soir d'été», *J'parle tout seul quand Jean Narrache,* 1961 [cité dans Beausoleil, 1992]

Nelligan, Émile. «Le Vaisseau d'Or», «Sérénade triste», «Soir d'hiver», *Émile Nelligan et son œuvre,* Montréal, Beauchemin, 1903

Nerval, Gérard de. «El desdichado», *Chimères,* 1854 [cité dans *Les plus belles pages de la poésie française,* 1982]

O'Neil, Jean. «Universities», *Montréal by Foot,* 1983 [cité dans Beausoleil, 1992]

Petit Larousse, Paris, Librairie Larousse, 1961 et 2000

Petit Robert, Paris, Dictionnaires Robert, 1990

Prévert, Jacques. «Les feuilles mortes», 1946

Proulx, Monique et Benoît Chalifour. *Montréal, Montréal,* Montréal, Art Global, 2002

Raynaud, Ernest. «Préface», *Les fleurs du mal,* Paris, Garnier, 1957

Renaud, Philippe. «Bob Dylan: 40 ans en deux heures», *La Presse,* mardi 13 août 2002, p. C3

Richler, Mordecai. *The Apprenticeship of Duddy Kravitz,* Toronto, André Deutsch, 1959

Richler, Mordecai. *This Year in Jerusalem,* Toronto, Knopf, 1994

Richler, Mordecai. *On Snooker,* Toronto, Knopf, 2001

Richler, Mordecai. *Dispatches from the Sporting Life*, Toronto, Knopf, 2002

Rimbaud, Arthur. « Le bateau ivre », *Poésies*, 1871 [cité dans *Les plus belles pages de la poésie française*, 1982]

Robert & Collins, Paris, Dictionnaires Robert et Londres, Collins Publishers, 1987

Robert, Véronique. « Le brasse-Canayen ! », entretien avec le poète et géographe Jean Morisset, *L'actualité*, juillet 2004, p. 16-20

Robichez, Jacques. « Introduction », *Œuvres poétiques de Verlaine*, Paris, Garnier, 1986

Rodenbach, Georges. « Paysages de ville », *Le règne du silence*, 1891 [cité dans *Les plus belles pages de la poésie française*, 1982]

Rodrigue, Sébastien. « Pont Jacques-Cartier : une barrière anti-saut pour contrer les suicides », *La Presse*, jeudi 26 février 2004, p. A1 et A2

Ronsard, Pierre de. « Madrigal », *Sonnets pour Hélène*, 1578 [cité dans *Les plus belles pages de la poésie française*, 1982]

Roy, Bruno. « Fragments de ville », *Fragments de ville*, 1984 [cité dans Beausoleil, 1992]

Saint-Exupéry, Antoine de. *Terre des hommes*, Paris, Le Livre de Poche, 1964 [© Paris, Gallimard, 1939]

Société québécoise de la schizophrénie, *www.schizophrenie.qc.ca*

Sounes, Howard. *Down the Highway : The Life of Bob Dylan*, New York, Grove Press, 2001

Stendhal (Henri Beyle, dit). « De la naissance de l'amour », *De l'amour*, 1822 [cité dans Maloux, 1980]

Stendhal (Henri Beyle, dit). *Le rouge et le noir*, Paris, Librairie Jules Tallandier, 1965 [© 1831]

Tremblay, Michel. *La grosse femme d'à côté est enceinte*, Montréal, Leméac, 1978

Tremblay, Michel. *Le cahier rouge*, Montréal, Leméac, 2004

Turcotte, Mgr Jean-Claude. Homélie de l'archevêque de Montréal aux obsèques du maire Jean Drapeau, lundi 16 août 1999 [dans Isabelle Hachey, « Des adieux empreints d'émotion à Jean Drapeau », *La Presse*, mardi 17 août 1999, p. A1 et A2]

Venne, Stéphane. « Un jour, un jour », chanson officielle de l'Exposition universelle et internationale de Montréal, 1967

Verlaine, Paul. « Ariettes oubliées », III, *Romances sans paroles,* 1874 [cité dans *Les plus belles pages de la poésie française,* 1982]

Vigneault, Gilles. « Mon pays », *Mon pays,* Columbia, 1966

Villers, Marie-Éva de. *Multidictionnaire de la langue française,* Montréal, Québec/Amérique, 1997

Voltaire (François-Marie Arouet, dit). *Nanine,* 1749 [cité dans Maloux, 1980]

Young, Rick. « Simplement Arnold », *Golf International,* vol. 12, n° 1, avril 2003, p. 10-15

Zimmer, Carl. « A colourful ending », *The Gazette,* dimanche 24 octobre 2004, Insight, p. 6

TABLE DES MATIÈRES

La production du titre *Montréal en personnes* sur du papier Rolland Enviro100 Édition, plutôt que sur du papier vierge, réduit notre empreinte écologique et aide l'environnement des façons suivantes :

Arbres sauvés : 7
Évite la production de déchets solides de 204 kg
Réduit la quantité d'eau utilisée de 19 306 L
Réduit les matières en suspension dans l'eau de 1,3 kg
Réduit les émissions atmosphériques de 448 kg
Réduit la consommation de gaz naturel de 29 m³

MEMBRE DU GROUPE SCABRINI

Québec, Canada
2007

Imprimé sur du Rolland Enviro100, contenant 100% de fibres recyclées postconsommation, certifié Éco-Logo, Procédé sans chlore, FSC Recyclé et fabriqué à partir d'énergie biogaz.